W0393099

A LA SANTÉ DES CONQUÉRANTS

DU MÊME AUTEUR

Chez le même éditeur :

LE RÊVEUR D'AMÉRIQUES
LE BONHEUR À SOUILLAC
L'ÉTÉ ANGLAIS
SPLEEN EN CORRÈZE

Aux éditions Calmann-Lévy :

LE MYSTÈRE SIMENON

DENIS TILLINAC

A LA SANTÉ DES CONQUÉRANTS

roman

ÉDITIONS ROBERT LAFFONT
PARIS

© Éditions Robert Laffont, S.A., Paris, 1984
ISBN 2-221-04567-X

Pour Robert Laffont,
et pour cause...

1

Par prudence, Pierre Merlaud répugnait à convoquer les fantômes de sa jeunesse. Elle risquait de lui demander des comptes ; il n'avait plus les moyens de les régler. Passé la quarantaine, la moindre évocation de nos années d'apprentissage dégénère en bilan. On se souvient d'avoir désiré un destin ; on n'a guère consommé qu'une existence. Le constat n'est pas agréable. Autant dire que Pierre renâcla lorsqu'il fut question de l'envoyer couvrir un assassinat à Aix-en-Provence.

Il n'était jamais revenu à Aix depuis l'époque de la fac. Curieusement, sa mémoire lui en proposait des images convenues, qui appartiennent à tout le monde : une langueur ensoleillée, les platanes du cours Mirabeau, les places enchâssées dans des murs ocre, les fontaines, les festivals...

Aucune envie d'aller humer là-bas un cadavre à la sicilienne. Gilbert Cristofini — la victime — était un promoteur réputé maffioso. Il tutoyait des ministres, et graissait soi-disant des pattes haut perchées. Son assassinat promettait aux rédactions l'aubaine d'un scandale. Déjà les couteaux partisans s'impatientaient dans leurs gaines.

Or, la passion politique, où se consument les restes d'une nation jadis considérable, inspirait à Pierre une aversion proche du dégoût. Les seuls crimes capables d'éveiller encore sa curiosité ponctuaient des drames privés.

A *Presse-Matin,* il avait débuté aux faits divers. Son aptitude à décrire une situation sans juger les êtres lui avait même valu un début de notoriété. Elle l'encombra. Ce métier, si fascinant pour le profane, ne rémunère l'orgueil qu'en petite monnaie. Il l'avait dépensée depuis longtemps. On se lasse d'aborder la vie par son versant le plus désolé, et de manipuler les turpitudes pour leur soutirer de faux secrets. En outre, Pierre n'aimait pas beaucoup voyager. Il avait fini par solliciter un poste casanier. On lui avait assigné un canton périphérique : les pages dites « culturelles ». Personne ne les lit ; on peut y mettre n'importe quoi. Chef d'un service négligeable, sans ouverture sur la rédaction en chef, il exerçait sur quelques pigistes un règne patelin, qui lui laissait des loisirs. Il en jouissait en écrivant des romans policiers démarqués de ses enquêtes, qu'il publiait sous pseudonyme. Par modestie, ou par pudeur, peut-être pour les deux raisons à la fois.

Tel était son effacement que ses confrères lui imputaient un secret inavouable. Les personnalités qui ne savent pas se répandre inspirent toujours de la suspicion. Cependant, à l'occasion d'une embuscade apéritive, il pouvait se montrer joyeux drille. On enregistrait le paradoxe, sans conclure.

Le hasard voulut que ses deux collègues habituellement commis aux reportages fussent indisponibles. Jacques Faucon, le rédacteur en chef, ne souhaitait pas lâcher sur l'affaire un jeune du service politique. Ces fauves-là mordent sans discernement ; le sang gicle partout. C'est dangereux. Aucun risque avec Pierre. Faucon lui présenta la descente à Aix comme une faveur. Pierre ne savait pas décourager la gentillesse ; c'est une faiblesse qui se paye toujours cher.

Ayant accepté la corvée, Pierre consulta la dépêche de l'AFP relative au promoteur. Gilbert Cristofini, cinquante-trois ans, marié, trois enfants, franc-maçon, chevalier de la Légion d'honneur, domicilié à Puylaurier (Bouches-du-Rhône). Réalisateur d'ensembles immobiliers dans différents pays africains, sur la côte languedocienne et dans la région parisienne. Auteur d'un essai sur l'architecture contemporaine. Milliardaire présumé. Liens étroits avec deux chefs d'État étrangers. Une balle de revolver tirée à bout portant l'avait tué sur le coup, dans sa villa de Puylaurier. Son épouse et ses trois enfants séjournaient en Corse. Toutes hypothèses étaient envisageables : crime crapuleux, vengeance, acte terroriste...

... Aucun intérêt. Pierre reposa la dépêche, entra dans le bureau de Faucon :

— Qu'est-ce que tu espères ?

— Tu t'en doutes, mon petit Pierre. Je t'ai préparé la liste des habitués de Puylaurier. Si tu pouvais, en mettant la pédale douce...

Pierre l'interrompit en soupirant :

— J'ai compris...

Il s'agirait en somme de faire planer une suspicion sur les relations de Cristofini... qui se trouvaient être, en gros, les ennemis politiques de *Presse-Matin*. En gros seulement : la notion d'inimitié, dans ces milieux, est sujette à des variations saisonnières ou géographiques. Dix ans plus tôt, est-ce qu'il aurait accepté, comme ça, de tordre un fait divers peut-être anodin pour en faire couler de la boue partisane ? Dix ans plus tôt, il bafouait la déontologie par caprice, jamais sur ordre. Il se contenta de hausser les épaules. Faucon ôta ses lunettes, le dévisagea, lui sourit presque humblement :

— Ça t'ennuie vraiment ? J'aurais pensé qu'un personnage aussi contrasté que Cristofini...

— Pas contrasté : banal. Un fils de maçon italien qui a ramassé trop de fric. Il a flambé avec, dans tous les sens du terme... Rassure-toi, j'irai à Aix, mais entre nous, Jacques, tout ça est tellement puéril.

— Je te l'accorde. Ça nous sauve peut-être. On vieillit moins vite que d'autres. Tu ne crois pas ?

Il mendiait un assentiment. Lorsque ces grands roués lèvent leur garde, en fin d'après-midi, devant un copain qui ne les menace pas, leur candeur devient pathétique.

— Laisse tomber, Jacques. Combien de feuillets, et pour quand ?

— Cinq ou six. Mercredi, si tu peux. Tu prendras l'avion ?

— Non, le train. Ça me rappellera des souvenirs...

Il sortit du bureau de Faucon, s'enferma dans le sien, appela Gérard Lascaux à Aix. C'était un commissaire de police avec lequel Pierre avait sympathisé à l'époque où il faisait encore les faits divers. Un vrai flic à l'ancienne, revenu de tout, naïf dans ses ruses, portant des costards voyants, affublé de concubines éphémères qui épuisaient ses finances avant de faire la malle avec un voyou. Leur copinage s'était établi sur les bases d'un faux nihilisme ; des services réciproques l'avaient cimenté. Lorsqu'on ne croit plus à grand-chose, on se replie sur la morale la moins périssable : les copains d'abord. En vertu de quoi, chacun des deux avait plusieurs fois trahi le secret professionnel, au bénéfice de l'autre et à charge de revanche.

Pierre lui annonça sa visite, raccrocha, parut hésiter. Puis il composa un autre numéro :

— Le Dr Carcenac, s'il vous plaît...

Rentré chez lui, Pierre annonça à Sylvie son départ pour Aix. Un malaise vague l'habitait, dont elle s'aperçut :

— Tu n'es pas content de partir là-bas ?

— Je m'en passerais.

— L'affaire est compliquée ?

— Aucune idée. Si elle l'est, je la simplifierai ; Faucon m'envoie pour ça.

— C'est le voyage qui t'ennuie ? Aix est une jolie ville.

— Charmante. J'y ai vécu quatre ans.

Elle l'ignorait. Sur son passé, Pierre n'était pas disert. Sur son présent non plus. Le peu qu'elle savait de lui, elle l'avait glané par la bande.

— Mauvais souvenirs ?

— Lointains, mais ensoleillés.

— Alors ?

— Alors, rien.

Sylvie jugea préférable de clore le dialogue.

C'était sa compagne depuis trois ans. Sylvie Devilliers, trente-quatre ans, élancée, visage très doux, sourire en clair-obscur, silencieuse et docile, attachée de presse chez l'éditeur qui publiait les romans de Pierre. Avec elle, il tâchait d'effacer la blessure d'une débâcle conjugale qui saignait par intermittence, surtout le soir. Il faut être moderne pour se persuader qu'un droit de visite hebdomadaire épuise les ressources du sentiment paternel. Moderne ou naïf : les deux termes s'équivalent. Souvent, lorsqu'on sonnait à la porte, Pierre envisageait en son for ce miracle : Laetitia et Véronique sur le seuil, une valise à la main. Miracle improbable : ses deux filles avaient hérité la sagesse de leur mère. L'affection qu'elles lui consentaient à date fixe ne passait jamais les bornes établies par Sabine. Il ne s'y résignait qu'en façade. Sylvie n'y pouvait rien. Une complicité muette de convalescents les rapprochait, qui ressemblait à de l'amour. Car Sylvie aussi avait enduré des déboires conjugaux. L'époque y prédispose.

Les trains du Sud ne passent pas à Aix-en-Provence. Il faut changer à Marseille et prendre un omnibus qui se repose dans toutes les gares.

C'était à la fin du mois d'avril. Il avait plu jusqu'à Dijon. Pluie de printemps, qui attristait des paysages doucement vallonnés. Pluie d'angoisse. Seul dans son compartiment, Pierre somnolait sans volupté aucune. La veille, très tard, Laetitia l'avait appelé d'un bar de la Muette. Un conflit l'opposait à Sabine, à propos d'un flirt jugé inopportun. « Flirt » est un mot pudique, auquel Pierre s'en tenait, incapable de s'avouer que Laetitia couchait avec ce garçon. Les pères en sont tous là, quoi qu'ils prétendent.

Que sa fille aînée défiât sa mère lui procurait un plaisir mêlé d'appréhension. Dans six mois, Laetitia serait majeure ; nul magistrat ne pourrait l'assigner à résidence chez Sabine. Est-ce qu'elle choisirait son père ? Au téléphone, elle l'avait laissé entendre, mais ce choix en cachait évidemment un autre. Laetitia voulait son « indépendance ». Par opportunisme, elle négociait une alliance avec son père. Il hésitait à la conclure : si souvent elle avait tourné sa veste. Et Sabine disposait d'une otage : Véronique, âgée de quinze ans seulement, peu armée pour la rébellion.

Otage, rébellion, assignation à résidence : c'est le langage des militaires en campagne. Les femmes telles que Sabine haïssent le genre masculin, d'une haine glacée, qui vient de loin. Elles détiennent l'arme absolue : un ventre que l'homme féconde distraitement, en pensant à autre chose. Tandis qu'elles subissent l'outrage, en feignant les émois décrits dans leurs magazines, elles ruminent la vengeance. L'enfant vient au monde ; l'amour maternel se déploie comme un serpent dégourdi par le soleil. Il décrète la mobilisation générale — contre les copains, les apéros, les matches au Parc des Princes. Il faut capituler devant le berceau, ou s'enfuir.

Pauvre Pierre ! Il avait épousé Sabine, en toute ingénuité, parce qu'elle était douce, désirable, inaccessible au féminisme ambiant. Une liaison préalable avec une consœur du *Matin* l'avait rendu allergique à ces femmes qui vous plaquent au fromage pour aller soutenir la rébellion des Chiliens. Ou des Afghans, peu importe : avec elles, on fait toujours la vaisselle et on finit la soirée en solitaire, devant la télévision. Lorsqu'elles rentrent, il faut justifier son indifférence à la cause ; il en résulte des palabres qui rendent l'accouplement aléatoire. Si elles découchent, il faut s'écraser ; si elles couchent, il ne faut pas oublier leur droit au plaisir. On s'y abîme la santé.

Sabine l'avait séduit par le velouté de ses hanches, attendri par son mutisme, retenu par la neutralité de son éthique : un mari, des enfants, rien d'autre. Il débutait alors dans le journalisme, rentrait tard, se déplaçait fréquemment. Sabine l'attendait. Une épouse blottie dans l'attente pendant que le mari bourlingue, c'est le paradis conjugal désiré par tous les hommes, avoué par quelques-uns seulement. Les autres n'en pensent pas moins.

Après la naissance de Laetitia, Sabine s'était rétractée par étapes. Parallèlement, ses hanches avaient forci. Véronique n'améliora ni son humeur ni sa silhouette. La famille de Sabine fournit les premières munitions. L'égoïsme de Pierre, prétendit-elle, l'isolait des « siens ». Lorsqu'une épouse brandit les « siens », les orages conjugaux se profilent immanquablement. Ayant aperçu les premiers nuages, Pierre se replia dans son havre de la rue de Brissac, qu'un oncle de sa mère lui avait légué.

Il s'imaginait qu'une cure d'absentéisme rétablirait la santé morale de Sabine ; il en avait même fixé la durée maximale : trois mois. Au bout de trois jours, elle convoqua un huissier pour lui faire constater la désertion. Divorce coûteux. Naturellement, la justice confia à Sabine la garde des filles. Entre l'épouse « irréprochable » et le mari qui détale, il faudrait, pour faire la part des choses, plus de psychologie qu'on n'en apprend à l'école de la Magistrature. Au reste, un préjugé vieux comme la femme la décrète plus apte à éduquer des enfants. Sans le contester tout à fait, Pierre aurait voulu voir plus souvent ses deux gamines, dont Sabine lavait le cerveau avec une obstination méthodique. Lavage insinuant, irréprochable comme sa conduite (nul amant) : « Votre père est comme ça ; on ne peut pas lui en vouloir... »

Vers Valence, le ciel s'éclaircit. Premiers champs d'oliviers, premiers chênes verts. Des montagnes aux arêtes tranchées, encore prises dans la brume. Les arbres étaient en fleurs... Orange, Avignon... Pierre oublia ses tracas domestiques. Aux approches de Marseille, tandis qu'un soleil déclinant embrasait les garrigues, des souvenirs s'imposèrent à lui, dans le désordre. Cette ville où il allait aborder par hasard — Aix-en-Provence —, il l'avait désirée, possédée, aimée, oubliée. Peut-être l'avait-il haïe. Dans ce décor exalté par Cézanne, précisé par Zola, banalisé par tant de lieux communs, sa jeunesse avait conjugué les ambitions les plus déraisonnables, au futur simple, avec des amis qu'il n'avait jamais revus, sauf Jérôme.

Justement, Jérôme l'attendrait à la gare. Une impulsion l'avait poussé à l'appeler du journal. Impulsion aussitôt regrettée : le Dr Jérôme Carcenac ressemblait d'assez loin au prince de l'ironie qui, à vingt ans, posait sur le monde un regard superbement immodeste.

Pierre et Jérôme dînaient ensemble lorsqu'une obligation professionnelle obligeait Jérôme à monter à Paris. Loyalement, ils tâchaient l'un et l'autre de souffler sur la braise de leur amitié. La dernière fois, elle était froide, ou presque. Deux quasi-étrangers avaient décliné des préoccupations moyennes : le divorce de Pierre ; la clientèle de Jérôme. Et le loyer de l'argent, qui devenait exorbitant. Pierre avait trouvé Jérôme suffisant, provincial et pas très drôle. Un psychiatre d'envergure départementale pour le guider sur le territoire de la nostalgie : feu sa jeunesse aurait mérité davantage...

2

Les endocrinologues diront un jour que l'abus des nourritures littéraires, diagnostiqué chez la femme de trente ans, signale un dérèglement hormonal quelconque. Muriel Carcenac hantait les librairies fines, se repaissait de romans abscons et trompait son mari avec des maîtres-assistants imbus de contre-culture, qu'elle levait dans les cinémathèques et embarquait à Marseille. Chacun sait en Provence que Marseille, pour les Aixois de souche, figure une manière de poubelle crapuleuse. En prime elle s'enivrait, et bâclait des vers (irréguliers) où l'appel de l'infini épousait les frémissements charnels les plus équivoques.

Il ne faut pas accabler cette enfant paumée de la bourgeoisie aixoise. Paumée et si seule. L'érotisme littéraire est un pis-aller. Muriel n'exige de ses frasques adultérines que le sentiment de la souillure — au point d'effrayer ses amants d'infortune, qui se débinent avant qu'elle ne les vire.

Dieu l'a lâchée à quatorze ans, Marx l'a flouée un peu plus tard, ses parents avaient leurs occupations. Le passage d'une enfance fiévreuse à l'adolescence la moins surveillée ne pouvait aller sans dommage. Précocités en tous genres. A quinze ans, Muriel passait du lait-grenadine au Martini dry ; à dix-sept ans, elle soulevait l'amant de sa mère — un professeur de tennis du Sporting Club. A vingt ans, elle lisait Guyotat (non expurgé), et allumait dans ses rêves des bûchers médiévaux où les nantis d'Aix-en-Provence, préalablement violés par ses copains maoïstes, expiaient ses propres tourments. Bien entendu, la géhenne carbonisait ses parents en priorité. Tout cela manquait quelque peu d'allégresse, mais à qui la faute ?

Jérôme l'a déçue. Lorsqu'elle l'a épousé — par amour, peu après la déclaration d'une crise de pureté —, il était efflanqué, avide et tentait d'évacuer dans la dérision le mirage d'une certaine jeune fille rousse, qu'elle n'avait pas connue. Il se prenait constamment pour un autre — tantôt Savonarole, tantôt Gengis khan. C'était grisant. Après boire, il prétendait occuper l'Élysée et restituer à la France son empire, « bradé » selon lui par de Gaulle. D'abord la Kabylie, ensuite l'Afrique du Nord tout entière, l'AEF et l'AOF des anciennes cartes scolaires, la presqu'île indochinoise. Le Québec et la Louisiane pouvaient attendre.

Les lendemains matin de cuite, il connaissait le doute. Des accès de romantisme noir anéantissaient ses ambitions impériales. Exit les reconquêtes ! Viva la muerte ! L'humanité méritait à peine l'hommage d'un lâcher de bombes.

Muriel buvait goulûment ces délires alternés qui indisposaient son père, un cardiologue pontifiant et ordinaire, président du Conseil de l'Ordre, conseiller général des Bouches-du-Rhône (centre-gauche). Il aurait préféré que sa fille épouse un médecin plus argenté, ou doté pour le moins d'opinions politiques avouables. Lorsque Jérôme devint solvable, ordinaire, et centre-gauche comme son beau-père, il fallut qu'une autre ivresse prenne le relais : l'alcool, les auteurs à tirage limité, les torsions d'un corps offert aux fantasmes des mecs, dans une piaule de Marseille louée en douce. D'autant que Jérôme, au lit et à l'usage, s'est avéré pusillanime, pour ne pas dire insuffisant. Pauvre Muriel !

La venue de ce Pierre Merlaud exaspère son imagination. Il vit à Paris ; il fréquente des écrivains. Surtout, ne pas oublier de citer *Belle du Seigneur* : il comprendra sur quels claviers son âme se laisse arpéger. C'est elle qui a suggéré à Jérôme de le retenir à dîner ; au téléphone, il manifestait une certaine réticence — comme s'il appréhendait de revoir son ami. Il s'est incliné, comme d'habitude : ici, dans cet appartement financé par son père, Muriel fait la loi, faute de mieux...

Sous les dehors d'un jeune loup désinvolte — Lyon's Club, Jeune Chambre économique, Porsche gris métallisé, cordialité sport — le Dr Jérôme Carcenac planque une âme chiffonnée. Un reste de quant-à-soi lui dicte de la planquer habilement. Le cynisme, en l'occurrence, demeure la recette la plus commode. Muriel aura été sa première dupe, et il le paie assez cher. Pierre Merlaud sera tout à l'heure la dernière en date, et il ne s'en réjouit pas. Son coup de téléphone a réveillé des regrets qu'il croyait défunts. Il va falloir verrouiller les portes de l'aveu. Pas question de concéder à Pierre que sa « réussite » s'est bâtie sur les décombres de trop d'échecs intimes. Pas question de flirter avec la nostalgie. C'est un jeu idiot, où l'on risque sa mise, pour nul profit. Les ambitions avortées, les illusions fanées — quel magicien saurait occulter ce gâchis ? Il est trop tard pour se couvrir de gloire ; les héros inventoriés dans les dictionnaires sont rarement psychiatres à Aix-en-Provence. En tout cas, ils n'en restent pas là. Trop tard pour devenir le Mirabeau de cette fin de siècle. Mirabeau, la fierté des Aixois. L'ambiguïté de ce destin l'émeut et le fascine. A vingt ans, il l'aurait récusé sèchement : c'était Bonaparte, ou rien. A présent, il thésaurise de menues vanités sociales. Il n'a même pas su se faire élire au conseil général, malgré l'argent et la position de son beau-père. Il n'a pas su non plus faire à Muriel l'enfant qui, peut-être...

Il sait seulement faire du ski en hiver, du surf en été, du fric en toute saison — et l'amour à Corinne Vannier, l'épouse du dermato. Amour n'est pas le mot : dans sa garçonnière de Vauvenargues (louée en douce), il ne commet avec cette idiote qu'un adultère bimensuel, au scénario monotone, aux épilogues quelquefois laborieux. Dans un mois — deux peut-être — il prendra une autre maîtresse (Marina, l'épouse de l'expert-comptable ?), parce que le corps dévêtu de Corinne lui inspire désormais de l'indifférence. Dévêtus, les corps se ressemblent tous. Fort de cette évidence, Jérôme se persuade que les âmes aussi ne savent émouvoir qu'avec le concours d'un déguisement. Pauvre Jérôme !

A la gare Saint-Charles, Pierre a dû quitter au dernier moment le wagon où il s'était installé, sur la foi du panneau indicateur ; l'omnibus en partance pour Aix attendait sur un autre quai. Logique méridionale. A Simiane, gare minuscule, l'horloge a perdu ses aiguilles. C'est drôle, presque émouvant. La chaleur, la fatigue, l'accent des gens, la lenteur du convoi accréditent le sentiment de pénétrer un univers de fantaisie et d'inconsistance. Pierre se souvient d'avoir éprouvé, la première fois, une impression comparable. La nuit va tomber ; le soleil s'est caché derrière une colline bleutée... Gardanne, un clocher en forme de campanile, des montagnes dans le lointain, très hautes, une cheminée qui crache de la fumée. Le train s'y attarde, sans motif. Pourquoi pas ? Des lumières dans la vallée, éparses, des immeubles de banlieue. Aix-en-Provence. Le train ralentit, s'immobilise. Pierre reconnaît la gare, qui ne paie pas de mine. Presque vingt ans auparavant, un autorail semblable avait largué sur le même quai no 2 un jeune homme — lui —, ivre d'espoir et d'impatience. Il avait donné rendez-vous à trois divinités capricieuses : l'Amour, la Fortune et la Gloire ; il craignait vaguement qu'elles ne lui posent un lapin...

Ses parents avaient trouvé étrange qu'après une année de lettres supérieures à la faculté de Bordeaux, Pierre décidât de faire Sciences-po à Aix-en-Provence, alors que celles de Pessac sont autrement réputées. Ils mésestimaient le penchant de leur fils à assujettir la réalité à des chimères. Son père, pourtant, n'avait pas réglé sa jeunesse autrement. A peine majeur, il avait plaqué ses études pour épouser une entraîneuse au passé tumultueux, récupérée dans un bastringue de Biarritz. Ensuite, il avait « résisté » dans le Périgord, afin d'échapper — pêle-mêle — au STO, à l'épouse et aux examens de notariat. De son propre aveu, il s'agissait principalement de rechercher les fermes dont le propriétaire était prisonnier en Allemagne, de s'y établir et d'y honorer la patronne. On changeait de PC lorsque l'occupant rappliquait, ou lorsque les tonneaux de la cave étaient vides. Dans les désordres de la Libération, le divorce était passé inaperçu ; d'ailleurs, une méningite bienvenue avait emporté l'entraîneuse en trois semaines : toutes les têtes n'ont pas supporté la Libération. Dûment médaillé de la Résistance, Jean Merlaud avait pu exiger son diplôme et convoler avec une personne de son rang, la mère de Pierre, fille unique d'un notaire assez considérable de Pompadour (Corrèze). Après quoi, il avait monté en Espagne des « affaires » mirobolantes et vaines qui légitimaient plus ou moins de longues escapades. Ayant ainsi dilapidé la moitié de son patrimoine, il s'était résigné à gérer l'étude familiale qui se trouve rue Ferrer, à l'angle du cours Xavier-Arnozan. Les Merlaud possèdent l'immeuble depuis la Révolution. On y jouit d'un horizon double : le jardin public, au bout de la rue, les grues et les mâts des navires, du côté du quai. Dès le berceau, Pierre aura tenu dans ses mains la clef des champs et celle des océans. Pour brider un peu ses tentations, le hasard a placé la maison d'arrêt dans la même rue.

Sa naissance avait sonné le glas des errements de son père — encore qu'à l'occasion, Jean Merlaud s'accordât un dégagement à Paris. Pierre l'hébergeait alors rue de Brissac. Le père racontait au fils des prouesses érotiques invérifiables. Pierre souriait, et promettait de se taire. Promesses inutiles : Louise Merlaud se savait cocue dans les grandes largeurs, et s'en faisait un titre de gloire. Elle posait en axiome qu'un mari sans passades manque de prestige, et en conçoit forcément de l'aigreur. Du temps où Pierre était marié avec Sabine, elle l'incitait ouvertement à prendre lui aussi des maîtresses, priait à dîner des jeunes couples dont la femme passait pour n'être pas inabordable. Sa jeunesse corrézienne avait été hautement excentrique. On trouve encore, du côté d'Uzerche, des témoins de l'époque pour affirmer qu'elle se baignait nue dans la Vézère et affolait par bravade la concupiscence des dadais du canton. Fiancée à l'héritier d'une dynastie porcelainière de Limoges, elle avait rompu huit jours avant les noces, sans avertir personne, pour rejoindre — à bicyclette — le maquis où patrouillait Jean Cabanne. Une telle hérédité prédisposait Pierre aux engouements les moins contrôlables.

A la santé des conquérants

Pourquoi Aix-en-Provence ? Pour presque rien : un rêve en bleu et mauve, éveillé par Giono. Rêve sudiste : des Toscanes alanguies tapissaient à ce moment-là l'imagination de Pierre.

L'été précédent, un caprice de pédagogue l'avait élu bachelier avec mention bien. Cette rupture miraculeuse dans une longue généalogie de cancres méritait une récompense. Son père lui avait concédé une deux-chevaux (d'occasion) et ouvert un compte bancaire, crédité de 200 000 francs (anciens).

Il était aussitôt parti vers l'Italie, avec une copine du lycée Montaigne subornée pendant les épreuves du bac. Une rousse charnue et rigolarde, insoucieuse de sa vertu. Faire l'amour à même le sol, nuitamment, sur une colline d'où s'aperçoivent les lumières de Florence inaugure favorablement des noces avec le Sud. Pendant la journée, ils hantaient les musées, les églises et les bars. Surtout les bars. Toutes les Florentines ressemblaient aux femmes peintes par le Pérugin ; un vertige de sensualité submergeait Pierre en permanence. Sa copine ignorait qu'en le « possédant » (ce mot est idiot), il rendait grâces à la Méditerranée racontée par Fernand Braudel.

Au retour, ils étaient passés par Aix-en-Provence ; Pierre avait trouvé cette ville indolente et suave, disposée à tous les abandons. Durant son année de khâgne, les images emmêlées de la Toscane et de la Provence l'avaient poursuivi et intoxiqué. Bordeaux lui parut grise, ses habitants glacés, son fleuve démoralisant. Les examens passés — et réussis, au mépris de la logique —, il annonça sa décision de poursuivre ses études à Aix. Ses parents s'étaient inclinés.

En ce temps-là, on faisait de la fac comme d'autres font du piano, ou de la planche à voile. Pour les jeunes gens d'ascendance un peu favorisée, tels que Pierre, il importait d'être heureux plutôt que de se ménager une situation. L'avenir faisait crédit aux plus timorés. La réputation universitaire d'Aix répondait à ses aspirations : des étudiantes bronzées dès la fin de l'hiver ; des fruits secs au plan scolaire, dorés par le fric paternel ; des diplômes suffisamment dévalués pour éliminer les bêtes à concours, dont le commerce est rarement agréable. Voilà pourquoi, un jour du mois de septembre, Pierre avait pris à Bordeaux l'express de Vintimille, puis, à Marseille, le même omnibus paresseux. Le lendemain, il s'inscrivait à Sciences-po. C'est une garantie mondaine, qui ouvre les portes des salons et favorise indiscutablement les stratégies amoureuses. On n'est pas obligé de préciser s'il s'agit ou non de celui de la rue Saint-Guillaume...

3

Dans le hall de la gare, Jérôme affiche un sourire contraint. On dirait qu'il a encore maigri. Effusion maladroite ; propos insignifiants :

— Tu as fait bon voyage ?

— Excellent.

— Tu n'étais jamais revenu à Aix ?

— Jamais.

— Tu verras, rien n'a beaucoup changé.

— J'espère...

Pierre a menti : il n'espère rien du tout. Il est fatigué et morose ; il voudrait être ailleurs, il se reproche d'avoir cédé à Faucon et d'avoir relancé ce médecin trop bien vêtu qui le fait monter dans une voiture de plouc enrichi.

Avenue de la Gare. Cours du Roi-René. Boulevards de ceinture. Le centre de la ville, enfin. Du rose pâle sur les murs, du bleu laiteux dans le ciel. Des gens assis aux terrasses, ou qui marchent sans hâte. Symphonie crépusculaire, très douce. Pierre se laisse prendre immédiatement au piège de la nostalgie. Qu'est-ce que la nostalgie ? Un fleuve de regrets, un ruisseau d'espoir. Petit ruisseau argenté, dont la source peut tarir sans préavis ; et pourtant, chez certains, il menace brusquement de déborder son lit. Il faut prendre le paradoxe comme il vient. Pierre regarde la ville enchantée de sa jeunesse, avec une tendresse effarée, presque douloureuse.

Jérôme conduit lentement, sans rien dire. On dirait un convoi funèbre. Pierre allume une Craven. A l'époque, il fumait les mêmes cigarettes, et Jérôme se demande si cette fidélité, par malheur, n'en annoncerait pas d'autres. Il redoute d'accueillir sur place le témoin d'un passé qu'il vaudrait mieux escamoter. A Paris c'est facile, ils s'en tiennent aux banalités : son cabinet, ses impôts, le journal de Pierre, la situation politique. Ici, mille lieux risquent d'adresser à Pierre un clin d'œil de reconnaissance — et ce voyeur désengagé, Jérôme le sent, n'est devenu adulte qu'approximativement.

Petite humiliation lorsque Pierre, ayant laissé tomber de la cendre sur la moquette de la voiture, présente des excuses. Pierre m'a situé, croit-il : un connard qui s'investit dans une bagnole à quinze briques. Il voudrait rectifier, faire savoir qu'il n'en est pas là. Pas tout à fait. Il n'ose pas. Malaise...

L'hôtel où *Presse-Matin* a retenu la chambre de Pierre se trouve à l'angle de la Rotonde et de la rue de l'Esparrat. Autour de la grande fontaine, dont Pierre a oublié le nom, les lions sont toujours assis, mélancoliquement. Ces fauves de bronze verdâtre lui inspiraient de la sympathie, presque de l'affection. Coïncidence : sa première nuit aixoise, il l'avait passée dans ce même Hôtel des Anglais, avec la copine rousse du lycée Montaigne. Il se souvient d'ébats radieux, fenêtres ouvertes — et aussi d'être parti sans régler la note. Premier délit de grivèlerie aixois. Il y en avait eu d'autres, avec Jérôme, justement, et le reste de la bande. Car ils formaient une bande à quatre : Jérôme, François, Richard et lui, Pierre. Quatre glandeurs de haut vol qui s'étaient baptisés mousquetaires, immodestement. Le bar où ils tenaient le plus souvent leurs assises, derrière l'Hôtel des Anglais, au début du cours Mirabeau, existe encore ; mais la patronne a changé, selon toute vraisemblance. C'était une femme entre deux âges, volumineuse et moustachue, dont les minijupes accusaient la disgrâce. Elle leur consentait de longs crédits. On pouvait la payer en nature. Deux ou trois fois, l'impécuniosité avait acculé Pierre au sacrifice de sa vertu. Il s'en était tiré comme il avait pu.

— Tu as revu les autres ?

— Seulement François, de temps en temps.

— Qu'est-ce qu'il est devenu ?

Jérôme hausse les épaules. Lorsqu'ils dînent ensemble à Paris, Pierre lui pose toujours la même question :

— Je te l'ai déjà dit ; il enseigne l'histoire à Salon. Un pédago comme tant d'autres. Il ne sort pas souvent. Sa fille prépare le bac...

François enseignant, c'est triste ; marié, père de famille, c'est inconvenant. Il paraissait si peu capable de responsabilités, familiales ou autres. Il butinait la vie sans se poser nulle part, en se moquant de tout, y compris de lui-même. On l'appelait François la malice.

— Quel genre, sa femme ?

— Genre agrégée de philo.

— Je vois !

Pierre a dit : « Je vois ! » avec une telle conviction qu'ils rient ensemble. Résurrection fragile de leur ancienne complicité...

— Et la tienne ?

Le visage de Jérôme se referme aussitôt.

— Tu verras, une femme moderne. Elle lit beaucoup...

Pierre descend, pose sa valise dans sa chambre d'hôtel, ouvre les fenêtres, pousse les persiennes. L'air est tiède ; des parfums sucrés y flottent, comme en suspension. Parfums de lilas et de vanille. Le printemps en Provence. Il voudrait s'y couler, flâner en solitaire, retrouver les lieux enchantés ou la bande... Il appréhende ce dîner avec une femme « moderne » qui « lit beaucoup ». Les femmes modernes, il les côtoie au journal, par nécessité professionnelle. En dehors, il les évite. Sylvie n'est pas moderne. Sabine, vers la fin de leur vie commune, commençait de le devenir. Il n'a pas eu lieu de s'en féliciter.

Il retrouve Jérôme, remonte dans la voiture, allume une autre cigarette, laisse à nouveau de la cendre choir sur la moquette et néglige de s'en excuser. Jérôme lui en sait gré. Par hasard, leurs regards se croisent. Sourires plus franchement complices. Pierre s'insinue dans la brèche :

— Tu te souviens, François voulait devenir écrivain. Il passait ses journées à commencer un roman, toujours le même, et ses nuits à nous lire le premier chapitre.

— Je crois qu'il publie des poèmes dans une revue d'Avignon... Toi, tu te voyais international de foot...

— J'ai joué trois ans dans l'équipe première de Bry-sur-Marne.

— Où est-ce ?

— A l'est de Paris. Une banlieue où j'ai vécu au début de mon mariage. Toi, tu devais succéder à de Gaulle...

Dans le sourire de Jérôme, quelque chose soudain de l'ironie de jadis.

— J'ai essayé, en commençant par les cantonales.

— Tu t'es fait étendre ?

— Au second tour ; je m'étais marqué trop à gauche.

— La prochaine fois, il faudra virer à droite.

— Les places sont prises.

— Alors, au centre.

— C'est encore plus encombré... Je crois que ma carrière politique est terminée.

— Tu le regrettes ?

— Non...

Nouveau silence. Cours Mirabeau. Pour les badauds du monde entier, ces Champs-Élysées à la mode provençale incarnent une béatitude ensoleillée et nonchalante. Pour Jérôme, c'est le lieu où Muriel rencontre en début d'après-midi des types dont il préfère ignorer l'identité ; pour Pierre, la salle d'attente d'un ailleurs qui n'existe pas, ou plus. Rien n'a changé en apparence : des grappes d'étudiants bavardent aux terrasses du Select et des Deux Garçons. On disait « Les Deux G ». Les robes sont légères, les cuisses plus qu'à demi offertes au regard ; les poitrines à l'avenant. Est-ce qu'ils sont heureux ? S'ils le sont, est-ce qu'ils le savent ?

— Je suppose que tu n'as pas revu Richard ?

— Jamais. Il a dû quitter la région, peut-être la France. Il voulait toujours s'en aller...

Richard Molinier était le plus exalté, le plus

imprévisible. Le plus friqué aussi : une tante le subventionnait abondamment, à terme fixe. Le jour du mandat, on dînait à l'Hostellerie du Roi, et Richard balançait des pourboires magnifiques. A Sciences-po, où il avait connu les autres, il se signalait par de longues absences — ou bien il quittait l'amphi brusquement. Les autres le cherchaient dans les bars environnants ; ils le voyaient sortir de la cathédrale Saint-Sauveur, qu'une malice du hasard a posée juste en face de l'IEP, afin que les élites sociales de la Provence ne s'écartent pas trop des sentiers divins.

— Qu'est-ce que tu foutais là-dedans ?

— Je priais le Seigneur.

François et Jérôme rigolaient ; Pierre hochait la tête. Il lui arrivait aussi de rafraîchir son cœur dans la pénombre des églises. Depuis l'aube de son existence, une religiosité imprécise berce ses attentes, adoucit ses chagrins, colore ses exaltations. Un prêtre n'y reconnaîtrait pas forcément la foi apprise au séminaire. Le Dieu que Pierre continue d'invoquer, dans les moments flottants ou creux, est négligent, plutôt artiste, porté sur l'humour et peu concerné par nos tracas. Peu moderne...

Celui de Richard l'invitait dans des édens exotiques. Il rêvait à voix haute d'aventures à la Cendrars (qui a vécu à Aix au cours des années quarante ; cette circonstance plaisait à Richard ; il y voyait une incitation à endosser l'héritage du grand baladeur). Les apéros aidant, il s'embarquait dans des récits de voyage peu vraisemblables, aux Amériques notamment. « Lorsque je vivais à Buenaventura... » Il vivait à Aix-en-Provence, prosaïquement, mais tel était son lyrisme que ses amis finissaient par le croire. « Passé Tucson, une petite route traverse les ranches, dans le désert. Il faut faire attention aux serpents à sonnette. On arrive au poste frontière. Aucun problème : je connais tous les douaniers... » La crédulité est un état d'esprit ; la bande y pataugeait dans l'allégresse. Un jour nous débarquerons tous à Tucson, Arizona, et nous irons dans ce bordel décrit par Richard, où des Mexicaines émergeant de la puberté se prêtent à des infamies flamboyantes, pour 2 dollars seulement. C'est donné. Un jour la bande illustrera, dans les bars à matelots de Guayaquil ou de Montevideo, le panache français dévoyé par les énarques au pouvoir... Richard repliait sa carte géographique, François réclamait de la tequila, pour s'installer dans la couleur locale. Pierre s'étirait sur sa chaise, le sourcil froncé, les pouces sur le ceinturon, en flibustier habitué à faire la loi dans les mauvais lieux. Jérôme envisageait un *pronunciamiento* dans une république bananière. Richard se targuait de lever une troupe de gueux. Pour les armes il faudrait contacter un trafiquant panaméen de ses connaissances...

Jérôme gare sa voiture sur la place des Quatre-Dauphins. Ils continuent de cracher de l'eau ; c'est rassurant. Rue Cardinale. Au fond, l'église Saint-Nicolas. Jérôme habite un bel hôtel légèrement en retrait de la rue, juste en face de l'hôtel Daret (peintre du roi au XVIIe, une plaque de cuivre fournit la précision). Deux lilas blancs encadrent le perron, un massif d'iris borde l'allée.

La gentry aixoise gîte dans ce quartier Mazarin, presque désert à cette heure. Du temps de la fac, Pierre aimait y venir. De beaux mystères, croyait-il, cuisent à l'étouffée derrière ces façades élégantes ; des jeunes filles s'y languissent, des lingots y dorment sous du linge brodé aux initiales. Naïveté de certains jeunes gens de l'espèce rêveuse : une porte cochère les bouleverse, un lustre entrevu tourmente leur sommeil. Tôt ou tard ils découvrent, hélas, que les mystères des bourgeoisies provinciales sont frelatés et que les héroïnes balzaciennes, par les temps qui courent, se font rares. Quelques-uns en demeurent inconsolables.

Ils franchissent le porche. L'évocation de la bande paraît avoir assombri Jérôme. Pourquoi ? En revanche, la mémoire de Pierre lui restitue par fragments des scènes drolatiques de leur vie commune — et soudain, peut-être pour avoir aperçu l'église Saint-Nicolas, il lui revient qu'ils n'étaient pas quatre, mais cinq. Il avait oublié Laura. La rousse, l'exubérante, la capricieuse et douce Laura. Son premier amour, si l'on exclut l'idylle enfantine avec sa cousine Joëlle, l'été de ses quinze ans, sur la plage de Contis. Son dernier amour, si l'on veut restituer à ce mot — amour — sa charge d'effervescence printanière, d'inachèvement, de semi-voluptés inquiètes. Oubliée, Laura ? Pas tout à fait ; elle sommeillait dans sa mémoire, comme la blonde Inge du *Tonio Kröger* de Thomas Mann. Voici qu'elle ouvre les yeux :

— Laura, tu l'as revue ?

— Jamais.

Réponse brutale. Il n'aurait pas dû poser cette question à Jérôme. Tant pis, il laisse des images émerger à sa conscience. Laura apparaissant sur sa mobylette, là-bas, devant le palais de Malte qui jouxte l'église. Le visage de Laura, rougi par la hâte, l'odeur de ses cheveux, le sel de ses lèvres. Son rire de vierge dingue, ses deux mains posées sur les joues de Pierre, retirées presque aussitôt, sa fuite, son geste d'adieu...

D'autres images se bousculent, il va les capturer, Laura va le rejoindre ; mais ils sont arrivés au second étage, Jérôme l'introduit, Muriel apparaît : brune, cambrée, vêtue de noir, aux lèvres un sourire enjôleur, qui déchire sa rêverie...

4

Aux asperges, Pierre juge Muriel Carcenac snob, incurablement. Elle dégaine hors de propos des auteurs à la mode, des courts métrages pour *happy few*. Ses clichés sur *Belle du Seigneur*, Pierre les a entendus cent fois, dans les salons bordelais. Incurable province. Elle dénigre les notables aixois avec une hargne suspecte ; elle vide ses verres de Perrières (1976) avec une constance mécanique.

Jérôme n'est pas détendu, et pour cause. Dès le poisson, le couple se balance des saloperies feutrées ; aux pigeons farcis, les yeux noirs de Muriel commencent à brûler d'une flamme équivoque. Aux chèvres chauds, ses reparties deviennent franchement fielleuses :

— Jérôme est resté très provincial. Très...

L'ironie de Jérôme, en retour, siffle désagréablement. Pierre craint d'être intitulé juge d'une querelle qui, apparemment, ne date pas d'hier. De la haine à présent plane autour de la table. Muriel boit immodérément et accable Pierre de questions sottes :

— Ponge, vous le connaissez ?

— A peine. Je l'ai interviewé deux fois chez lui, rue Lhomond. C'est un solitaire.

— Et Blondin ?

— C'est un désespéré. Lorsque nous nous voyons, nous buvons, et son désespoir se fait contagieux. Alors, j'évite...

Cette phrase innocente déclenche un rire jaune, du plus mauvais augure.

— Et Bataille ? J'a-do-re...

Lorsque Ella Bovary rencontre Georges Bataille au septième verre de Léoville-Las Cazes (1971), il devient urgent de serrer sa garde. A son insu, Pierre est la proie d'une sorte de désir — j'entends ce désir ténébreux, qui envoie quelquefois ses desservants devant les cours d'assises. Tous les hommes y sont sujets ; l'art, la morale et la religion n'ont peut-être été conçus que pour en sublimer les conséquences.

Muriel le dévisage en allumant une cigarette. Il détourne son regard. Envie — lamentable — de frapper au sang cette femme, et puis de la posséder (toujours ce mot idiot) sans préalable, en lui vomissant des insultes.

Jérôme se lève, quitte la pièce pour aller chercher une autre bouteille. Mauvaise initiative :

son épouse, qui est assise à la gauche de Pierre, pose brutalement sa main sur la sienne et chuchote d'une voix égarée, en le griffant à peine :

— Demain, 15 heures, au Décaméron...

La main se retire aussitôt, Jérôme revient avec une bouteille de Rieussec (1976), le repas se termine. Ahuri par l'audace de cette nympho et par trop d'émotions enregistrées depuis son arrivée à Aix, Pierre participe mollement à la conversation. Il est question de stations de ski en vogue et d'îles grecques où le touriste ordinaire ne va pas encore. Pierre les interroge sur Cristofini. Jérôme répond évasivement : il le connaissait à peine : le promoteur habitait Aix, mais vivait surtout à Paris et sur la Côte. Muriel ricane : les bourgeois du cru, prétend-elle, sont soulagés car les combines de Cristofini salissaient la notion même de réussite.

Pierre s'ennuie, voudrait prendre congé. Jérôme le sent : humiliation qui s'ajoute aux autres. Muriel change de registre, affecte une pitié attendrie (« Au fond, Jérôme aime les plaisirs simples. Il était comme ça à vingt ans ? »). Une chatte ivre s'amuse avec une souris déguisée en psychiatre branché. S'amuse désespérément. Enfin elle se retire en titubant :

— Je vous laisse célébrer votre jeunesse.

Jérôme sert un Glenfiddisl *(pure malt).* C'est son alcool préféré. Pourquoi éprouve-t-il le besoin d'indiquer à Pierre la supériorité des *pure malt* sur les *blended* béotiens ?

Un silence s'établit, que chacun interprète à son gré : mépris imputé à Pierre ; haine à Jérôme. Or Jérôme est malheureux, tout simplement, et Pierre déçu jusqu'à l'écœurement.

Il rentre à pied par la rue du Quatre-Septembre, débouche sur le cours Mirabeau. Des bars sont encore ouverts, des gens flânent, étudiants pour la plupart. La nuit est douce, parfumée. A hauteur des Deux G, un type excessivement maigre chante le blues en s'accompagnant à la guitare. Pierre tergiverse, s'assoit machinalement à une terrasse. A la table voisine, de très jeunes gens plaisantent bruyamment. Il se lève avant qu'on l'ait servi, arrive à son hôtel, annonce au veilleur qu'il libérera sa chambre dans la matinée...

Cette nuit-là, Jérôme tarde à gagner sa chambre. Un silence hostile grésille dans le salon. Envie de pleurer, d'oublier : envie de réveiller Muriel pour lui cracher sa haine. Envie de partir, mais où ? Les chemins de l'évasion sont balisés depuis longtemps par les congrès de psychiatrie, les huis clos à Vauvenargues, avec Corinne, les week-ends en Tunisie ou aux Seychelles, avec Muriel, Corinne et son mari. Car les Vannier, en définitive, sont leurs seuls amis. Il songe à une dérive sans destination, en voiture. N'importe où hors d'Aix-en-Provence. Ce patelin putassier et veule, à l'image de Mirabeau, il l'a convoité sans l'aimer vraiment. Depuis son échec aux cantonales, il le trouve mesquin ; depuis ce soir, imbuvable.

Jérôme est le fils d'un aubergiste de Sainte-Hélène (Lozère). Coincée dans un ravin, quelque part entre Mende et Villefort, cette localité ne figure que sur les cartes d'état-major. Les vents descendus du mont Lozère ne portent pas souvent l'Histoire. Enfance repliée, envieuse ; six ans de pensionnat au lycée de Mende. Il y préméditait sa revanche sociale. Bachelier à seize ans et demi (mention très bien) : c'était tout juste suffisant pour nourrir un orgueil immense. Aix-en-Provence résumait ses appétits de distinction et d'harmonie bourgeoises — appétits tempérés par l'ironie, son premier bouclier, sa première maîtresse. Boursier à Aix, il a entrepris successivement Sciences-po (la distinction) et la médecine (l'argent, le pouvoir sur autrui). Il a digéré les examens en se demandant s'il valait mieux, pour dominer ses contemporains, faire la révolution ou bien investir la bourgeoisie par ses portes latérales et la réduire. C'est un dilemme ; incapable de le résoudre, il a hanté sans transition les cénacles extrémistes. Au Mondial, bar du gauchisme tout terrain, des Robespierre bronzés par le ski conspiraient en vue d'établir la Terreur ; Jérôme se disait qu'après la débandade il faudrait un

18-Brumaire. Pourquoi pas lui ? Aux Deux G, des minets pareillement bronzés, éventuellement fils de pieds-noirs, imaginaient de recoloniser l'Afrique, en instaurant une autre Terreur. Une autre ou la même. Rendu fou par la réussite universitaire, l'égotisme de Jérôme bâclait des synthèses. Il serait Napoléon, puis Bonaparte. Il oubliait que son village natal s'appelle Sainte-Hélène. Entre-temps il avait rencontré François, Pierre et Richard...

Lové dans sa rancœur, il voudrait être sûr d'avoir au moins approché le bonheur, vingt ans auparavant, avec Pierre et les autres. Pierre qui ce soir toisait de haut sa Porsche, son Nicolas de Staël et son Glenfiddish *(pure malt).* C'est facile quand on vient des Chartrons, en ligne directe. L'amitié a-t-elle jamais franchi certaines barrières — « de classe », comme on disait à l'époque ? Pierre et Richard habitaient des piaules payées par leurs familles, François allait périodiquement se refaire à Toulon. Pierre avait une voiture. Pendant l'été, ils poursuivaient leurs vacances. Richard partait pour l'étranger. Lui, Jérôme, encadrait des colonies de vacances. Il vivait aux Fenouillères (la cité universitaire) avec une bourse petite, et l'Histoire ; il soupçonnait que cette allumeuse — l'Histoire — se donne rarement aux fils d'aubergistes. D'où ses élans révolutionnaires, flattés un peu plus tard par Muriel, pour d'autres raisons.

Malgré tout, entre deux néants — l'auberge de Sainte-Hélène et l'hôtel de la rue Cardinale — une manière de ciel bleu aura égayé son existence. Pierre aussi, apparemment, en cultive le regret ; et François, lorsqu'ils se revoient, le laisse entendre.

Jérôme se lève, se sert un verre d'alcool, l'avale d'un trait, retombe dans son fauteuil. Est-ce l'ivresse ? Des images se précipitent, qu'il tente de fixer. Quatre jeunes gens, dans un bistrot de la place d'Espagne, autour d'un flipper. A ce jeu Richard gagnait souvent, François perdait toujours, Pierre trichait. Les Beatles chantaient *Yesterday* dans le juke. Laura éclatait d'un grand rire...

Laura... Tout à l'heure, Pierre a prononcé son nom, négligemment. Il ne pouvait pas savoir. Jérôme a encaissé, puis Muriel a tenu l'affiche, avec son pauvre cirque intello... Laura... Voici qu'une autre blessure se rouvre, et Jérôme, bizarrement, la laisse suinter. Les gens comme lui ne savent pas tomber amoureux ; Laura aura été la seule. En avouant à Muriel ce secret de gamin, dans les débuts de leur liaison, il a cru lui tendre une sorte de relais magique. Muriel l'a lâché. Par sa faute, celle de Jérôme ? N'importe : cette nuit, il désire le reprendre, ferme les yeux, invoque Laura comme jadis il invoquait la Vierge. Jadis : à sept ou huit ans, dans sa chambre où lui parvenaient, assourdis, les coups de gueule des derniers clients. Son lit était un navire ; l'auberge, un océan au-dessus duquel il se laissait flotter, invincible. Un jour, murmurait-il en serrant les dents, ma gloire ébahira ces croquants qui humilient ma mère. Car sa mère ne décourageait pas formellement les libidos villageoises. L'année de son entrée en sixième, il l'avait surprise dans la cuisine, avec le sabotier... Dans ses cauchemars la scène revient souvent à la charge, avec une netteté abominable ; quelquefois c'est Muriel que le sabotier adosse au buffet. Deux psychanalystes marseillais se sont appesantis sur cette ordure, en pure perte...

... Laura, dit-il à voix très basse. Nul écho. Alors il se lève, passe dans son bureau, fouille un tiroir, y trouve une enveloppe sale. Dedans, parmi des photos de sa sœur Mireille, morte à cinq ans (tuberculose), celle de Laura, prise par Jérôme, un soir, dans le parc Jourdan. Un soir où le hasard les avait isolés des autres. Elle porte un jean, un pull très ample, une écharpe verte autour du cou ; ses cheveux lui tombent sur les yeux. Son regard rencontre l'objectif, mais on devine qu'il s'en va ailleurs...

Au même moment, dans sa chambre d'hôtel, lampe éteinte, Pierre fume une cigarette en se demandant pourquoi Laura, après une si longue absence, revient habiter sa mémoire. Laura comment ? Laura tout court, il n'a jamais su son nom de famille. D'ailleurs elle en changeait. Elle était un peu mytho sur les bords, et filait entre les doigts, comme une truite de rivière. Leur copinage amoureux respectait certaines limites. Est-ce qu'ils avaient seulement couché ensemble ? Une fois peut-être, dans la chambre de Pierre. Mettons une demi-fois : il se souviendrait d'une étreinte banale ; il ne revoit, dans une brume dorée, que deux corps exaspérés de tendresse et les yeux (verts ?) de Laura implorant grâce. Très chaste Laura, dépositaire de son rêve de latinité, que la Provence de tous les jours commençait à dégrader. Nullement oubliée, ni trahie, puisque dans les romans policiers qu'il écrit pour se distraire, ou pour se consoler, les amantes de son détective lui ressemblent toutes. Elles se prêtent et puis elles se tirent. On aperçoit une chevelure rousse, un sourire d'avant la chute, une silhouette esquissée ; on la voit s'éloigner, on la supplie, on entend son rire s'élancer vers le ciel. On espère, on désespère, on l'attend et puis on croit l'oublier. Laura tout court, princesse florentine, supposons que tu existes encore ?...

Tout à l'heure, Pierre a appelé Sylvie au téléphone. Le dîner chez Jérôme l'avait écœuré ; les avances de Muriel agissaient en lui comme une menace. Pour s'en laver, il avait pris une douche. Le symbole a déjà servi, mais il n'en avait pas d'autre sous la main.

— Je rentrerai demain, après avoir vu les flics et les magistrats.

— Tu t'es ennuyé chez ton ami ?

— Un peu. Trop d'années ont passé, nous n'avons plus grand-chose à nous dire. Jérôme est devenu un médecin de province ; son épouse lit Peter Handke.

— J'imagine. Et Aix ?

— Une ville dont on a vite fait le tour, surtout quand on la connaît.

— Il fait beau ?

— Évidemment. A Aix, il fait toujours beau. Ça me donne des envies de pluie et de ciel bas.

Il croit la voir sourire doucement, ajoute :

— Sylvie, qu'est-ce que tu fais ?

— Moi ? Rien. Je t'attends. Ça colle avec ton image de la femme ?

Toujours ce sourire indulgent de Sylvie. Sourire de compréhension résignée, maternelle à la limite. Laura avait le même.

— Oui, ça colle.

— Je lis *La Conquête de Plassans*, pour me rapprocher de toi. Tu m'autorises ?

— Oui, je t'autorise. Mais tu devrais plutôt lire *La Faute de l'abbé Mouret*. Tu comprendrais pourquoi j'ai voulu faire mes études en Provence. A demain.

— A demain, Pierre.

Ils vont raccrocher ; quelques secondes s'écoulent :

— Question subsidiaire, Pierre : est-ce que tu m'aimes un peu ?

— Aimer, ça veut dire quoi ?

— Je ne sais pas ; réponds-moi quand même.

— Je crois que oui...

... En sorte que, dans son sommeil, les visages de Laura et de Sylvie se sont superposés — et qu'au réveil, ayant ouvert la fenêtre et regardé les toits de la ville, Pierre n'est plus certain de désirer partir...

5

11 heures du matin. Pierre a marché sans but dans la ville éclaboussée de soleil. Sans but et l'esprit vacant, en curieux épris d'architecture ancienne, heureux d'admirer ici une fontaine moussue, là un portail sculpté, ou bien une place en demi-cercle, pavée comme autrefois : la place d'Albertas, qu'il avait découverte dès son premier séjour, qu'il préférait aux autres. En face, l'hôtel Boyer-d'Éguilles, devenu Maison de la Mutualité. Signe des temps, alarmant à son gré. Grâce au ciel, des vierges sont toujours nichées aux angles des rues, comme en Italie.

Il s'est attardé sur le marché, place Richelme, derrière la poste ; puis s'est rapproché de la place des Prêcheurs, en se laissant égarer dans de petites rues au rose plus pâle, où le soleil ne parvient pas.

Évidemment il reconnaît les lieux ; mais le

temps s'est embrouillé dans son esprit, comme les couleurs sur les toiles impressionnistes. Un homme sans âge se promène dans un décor familier, avec une disponibilité absolue. Cependant il évite d'instinct les abords de Sciences-po et de son ancien logement. Il faut en user précautionneusement avec les souvenirs ; sinon ils se vengent...

Le rendez-vous avec le commissaire Lascaux est fixé à 11 h 30. Pierre s'installe à la terrasse d'un bistrot où Richard le retrouvait souvent, parce qu'il habitait non loin, sur le forum des Cardeurs, dans un espace bordé de maisons qu'on dirait napolitaines. Aix en effet n'est toscane qu'à l'intérieur d'un périmètre restreint ; un Sud plus débraillé campe sur ses lisières.

Sur le guéridon, *Presse-Matin, Le Monde, Le Provençal* et *L'Équipe. Presse-Matin* pour lire sa chronique de la veille. C'est un plaisir que le journaliste le plus blasé ne se refuse jamais. *Le Monde* pour s'informer. C'est un impératif professionnel, converti en habitude. Une guerre embrase à nouveau le Liban, et les dirigeants polonais normalisent. Ailleurs — loin d'Aix-en-Provence — des êtres endurent la faim, l'exil, la torture. Ailleurs, l'Histoire qui embrasait les songes de Jérôme continue de réciter son monologue sanglant et absurde, auquel Pierre ne s'est jamais laissé prendre. Reclus dans son moi, comme tous les Occidentaux nés dans l'après-guerre, il n'a souffert que des tragédies privées : la mort de ses grands-parents, l'éloignement de ses filles. C'est suffisant pour navrer un homme.

Le Provençal aborde longuement l'assassinat de Cristofini, sans apporter le moindre éclairage. Entre les lignes du papier, Pierre devine l'embarras du localier. L'affaire risque d'éclabousser trop de notables, qu'un journaliste départemental doit ménager. S'il sait, il faut qu'il se taise. Mœurs journalistiques à la française, auxquelles Pierre se conforme, comme les autres. Par habitude. Parce que les confrères les plus aboyeurs sont souvent les pires. La « vérité » ne mérite pas tant d'hommages. Sous prétexte de la traquer, on répand sa bile, on règle ses comptes. Vérité : alibi des frustrés, ferment de la haine. Pierre a choisi de s'en tenir à l'esprit de démission ; il n'a jamais dit qu'il en était fier...

En parcourant *L'Équipe* il apprend que l'OM reçoit Limoges, le soir même, au stade vélodrome, avec la première place de la poule pour enjeu immédiat et la perspective d'un retour en division nationale. Il se souvient qu'à l'époque, l'OM de Bosquier, de Skoblar et de Magnusson possédait la dimension européenne. Dans les périodes de prospérité, la bande partait pour Marseille, avec au cœur l'ivresse du pirate à l'instant de l'abordage. Lorsque l'OM affrontait Bordeaux, Pierre exhumait son patriotisme girondin. François, qui était toulonnais, oubliait l'animosité des gens de la rade à l'endroit de Marseille et se réclamait du peuple provençal, conformément aux thèses régionalistes répandues à la fac. Citoyen de nulle part, Richard voulait rester neutre ; et Jérôme encourageait l'adversaire de l'OM, quel qu'il fût, pour le plaisir de s'opposer à l'opinion majoritaire. Prodigieusement ignare, Lara exhortait à la combativité les joueurs des deux équipes et ne contrôlait plus sa joie si un pugilat éclatait sur la pelouse. Salif Keita avait leur préférence, parce qu'il venait des Afriques. Les affabulations de Richard sur d'hypothétiques descentes en pirogue à l'embouchure du fleuve Congo y entraient pour quelque chose.

Au retour, on organisait une partie de foot sur un terre-plein au bord de la nationale. Dieu sait pourquoi, Pierre et Richard faisaient toujours équipe ensemble. Au foot et au flipper. Il pouvait arriver que Jérôme se dérobe : un cours à réviser. Jérôme était le plus studieux des quatre, incontestablement. Richard était le plus dingue, François le plus gai, Pierre le plus mélancolique, Laura la moins prévisible...

Le commissaire Lascaux porte un costard crème, une chemise rose, une cravate rouge et arbore un sourire radieux. Il est content de revoir Pierre ; il a sorti sur son bureau, pour l'occurrence, une bouteille de pastis, une carafe d'eau, un seau à glace et deux verres. Quel contraste avec l'accueil empesé de Jérôme !

— Je me fais nommer à six cents bornes de Paris pour te fuir et tu viens me relancer en Provence !

— C'est la fatalité, petit flic. Tu sais des choses sur ce promoteur véreux — des choses que les confrères ne sauront pas ?

— Je croyais qu'on t'avait mis dans un placard ?

— C'est vrai ; un placard culturel. Faucon m'a envoyé ici parce que deux collègues étaient absents.

— Je suppose qu'il espère un scandale...

Pierre hoche la tête, vide son verre. Lascaux le ressert :

— Il sera déçu, ton rédacteur en chef. C'est une affaire privée, rien d'autre. Cristofini avait une maîtresse à Paris, la femme d'un publiciste minable. Ils voulaient divorcer l'un et l'autre pour se remarier ; le publiciste s'est fâché. Quand un mari est à la fois jaloux et fauché... Tu piges ? Entre nous, on va l'arrêter dans la soirée.

— La femme de Cristofini ?

— Hors de cause. Elle souhaitait le divorce ;

d'ailleurs, ils ne vivaient plus ensemble depuis des années. On la voit souvent à Monte-Carlo, avec un prince italien. C'est logique : elle sort d'une ferme de l'Aisne ; ses parents étaient métayers. Son premier mari est médecin à Soissons...

La logique monotone de l'ascension sociale, que Lascaux constate, sans prendre parti. Pierre n'a rencontré nulle part, y compris dans les milieux journalistiques ou littéraires, un type capable de regarder la vie des hommes avec un tel désengagement.

— Je peux raconter ça ?

— A condition de ne pas révéler tes sources...

— Et de dire que tu es le plus grand flic de la terre : je connais la chanson, c'est moi qui en ai écrit les paroles.

— Exact : le plus grand et le moins pourri.

Ils éclatent de rire, puérilement. Lascaux raconte, Pierre prend des notes. Histoire banale : un peu de désir, pas mal de fric, de l'impatience attisée par la jalousie. Le désir de Cristofini pour une ancienne Miss France ; le fric qu'il ne voulait pas lâcher au mari, ou pas suffisamment. L'impatience d'un faisan de moyen calibre, qui n'avait pas les moyens de sa frime. La conversation des deux hommes, dans la villa du Tholonet, s'était mal terminée. Détail intéressant, qui figurerait dans certains journaux, pas dans d'autres : le revolver du crime appartenait à Cristofini.

— Tu vois, c'est le fait divers comme tu les aimais à l'époque : la danse de l'amour, de la haine et du fric autour d'un châssis carrossé par Yves Saint-Laurent...

L'époque à laquelle Lascaux se réfère, ce sont leurs débuts communs à Paris : Lascaux inspecteur à la préfecture de police, Pierre reporter polyvalent à *Presse-Matin.* Il vivait à Bry-sur-Marne, avec Sabine, dans un pavillon qui regarde couler la Marne. Sur cette Garonne au rabais, des barques de pêcheurs tiennent lieu de paquebots. On peut difficilement se persuader qu'elles cinglent vers les îles. Son salaire était maigre, et il fallait tous les matins prendre l'autobus (ligne 220) jusqu'au château de Vincennes, puis le métro jusqu'à Sentier (changement à Châtelet). Était-ce le bonheur ? Pas sûr. Il prêtait attention aux choses de la vie, s'intéressait à cette chimie sociale qui sécrète quelquefois le drame, par surchauffe des pulsions, ou par rupture des équilibres. Le bonheur, c'est tout de même davantage. Déjà Sabine affûtait les premiers couteaux de la guérilla conjugale ; les gamines en pâtissaient sans rien dire.

Les soirs, il lisait des livres. Les dimanches, il jouait dans l'équipe locale, au poste de libéro. Épilogue sans gloire d'une carrière de footballeur qui lui avait promis la lune, à dix-sept ans, lorsqu'on l'avait sélectionné junior dans l'équipe de la ligue du Sud-Ouest. Il aurait fallu partir dans un club professionnel, comme stagiaire. Les Girondins de Bordeaux l'avaient vaguemcnt sollicité. Ses parents s'y étaient opposés. Passe ton bac, tu verras après... Il avait vu l'Italie, sous les jupes de sa copine rousse — et, au retour, des khâgneux obnubilés par l'œuvre de Hegel, auteur au programme. C'est une gloire livresque, qui ne supporte pas la comparaison avec celle de Bobby Charlton.

Tout au long d'une enfance rêveuse et protégée, Pierre s'était assigné ce but, maniaquement : triompher au Parc des Princes, cette moderne Acropole, seul théâtre digne d'assister à l'explosion de sa personnalité. Jonquet et Kaelbel prenaient de l'âge ; il faudrait tôt ou tard assurer leur relève au centre de la défense française. L'intérêt national était en cause.

Alors, Hegel... La dialectique du maître et de l'esclave s'illustrait à ses yeux dans les passes brossées de Beckenbauer, sa façon hautaine de néantiser l'adversaire à ses trousses. On l'interrogeait sur les « bonds qualitatifs » ; il décrivait les dribbles de Rivera, ou bien une accélération du roi Pelé. On lui suggérait que l'esprit chemine au fil de l'Histoire et triomphe de l'obscurantisme ; pour récuser ce credo, il se référait aux Brésiliens de 1958 et 1962. Depuis, le football accusait une régression indiscutable. Nul « progrès » par conséquent ; des cycles alternés de grandeur et de décadence. Victoire de

Nietzsche sur Hegel — et des mythologies celtes sur les millénarismes en vogue —, car l'âge d'or, toujours, se réfugie dans le passé. A preuve l'épopée suédoise de la bande Kopa, dont la nostalgie, dans l'esprit nuageux de Pierre, rejoignait une complainte plus vaste, un déchirement larvé, un regret qu'il devinait aussi entre les pages de François Mauriac, les vers de Francis Jammes...

Les khâgneux riaient derrière leurs lunettes ; les maîtres-assistants doutaient que des références culturelles aussi inattendues ouvrent à Merlaud les portes de la rue d'Ulm. Celles du Parc des Princes, hélas, se refermaient. A dix-huit ans, un pro joue déjà en première, et pas dans l'équipe de Biscarosse...

Aujourd'hui encore, Pierre veut imputer aux circonstances l'extrême médiocrité de son parcours de footballeur. Son spectacle en valait d'autres, et son regard sur le jeu traduisait une maîtrise qui peut-être s'est retrouvée dans sa manière d'aborder les drames humains. Dommage...

... Lascaux remplit les verres. Troisième pastis, et Pierre n'a pris qu'un café depuis la veille. Midi, trois pastis : c'est un moment béni de la journée et de l'ivresse. On sent monter en soi une tendresse imprécise ; on la jugule encore. Le soleil baigne le bureau du commissaire, la rumeur du marché s'y faufile.

— Gérard, il faudrait que tu me rendes un service.

— Encore ?

— Oui, encore. Un service privé. Je cherche une fille...

— C'était une chanson de mes vingt ans.

Il se met à fredonner à mi-voix, en se dandinant sur son fauteuil :

— Je cherche une fille... oh... oh... et je la veux très, très jolie...

Le commissaire prend sa jeunesse où il la trouve : dans un tube éventé de Johnny Hallyday. Pierre imite un accompagnement à la guitare, puis l'interrompt :

— Ferme-la. Une fille rousse, superbe, un peu instable, qui s'appelle Laura. Il y a une quinzaine d'années, elle étudiait à la fac d'Aix. Histoire de l'art. Je crois que ses yeux étaient verts.

— Tu ne connais pas son nom ?

— Je l'ai oublié. Elle en changeait.

— Une cinglée ?

— Oui... Non... Tu la retrouveras ?

— Tu connais son adresse de l'époque ?

— Non. Mais sa famille était établie à Nice, ou dans les environs. Des artistes, il me semble... Tu la retrouveras ?

— J'essaierai. Dis-moi, Pierre, tu pistes ton passé ?

— Peut-être, monsieur le commissaire. C'est un délit ?

— Non. Juste une imprudence.

Il lui donne son numéro personnel, ils se lèvent ensemble, se serrent la main. Lascaux pointe son doigt sur la poitrine de Pierre :

— N'oublie pas : le plus grand flic de la terre...

— Et le moins pourri. Nous sommes vraiment des salauds.

— Hélas, nous faisons seulement semblant...

Sur la place des Prêcheurs, les brocanteurs remballent leur camelote. Assis sur les marches du palais de justice, des étudiants mangent des pizzas, ou font la sieste. Pour mieux bronzer, les filles ont troussé haut leurs jupes ; la plupart sont vêtues de blanc, aucune n'est vraiment laide.

Pierre se surprend à fredonner *Get around*, des Beach Boys — générique éventuel d'une génération qui ressemblait à toutes les autres, quoi qu'en aient dit les sociologues. Rescapé de la guerre d'Algérie, Lascaux est un demi-solde comme on en trouve dans tous les romans de Balzac ; Jérôme, un personnage de Flaubert. Et lui, Pierre Merlaud, à quel antihéros doit-on l'identifier ? Comment désigner cette fausse lucidité éclose sur le terreau de la déception ?

Dans le sourire qu'il s'adresse, il y a de la

mélancolie. Il avise une cabine publique, sort son calepin. Hier soir, Jérôme lui a donné le numéro de François ; il l'a noté machinalement.

— François Lagarde, s'il vous plaît. Police judiciaire...

La voix d'une femme, la sienne probablement ; puis celle de François, qu'il n'aurait pas reconnue.

— C'est Pierre... Oui, Pierre Merlaud. Pourquoi la PJ ? Pour rien, j'avais envie de m'amuser. C'est un délit ? Je suis à Aix, pour le crime de ce type... Non, aucune idée, et je m'en fous : un promoteur mort, quelle importance. Je n'ai pas changé ? L'appréciation n'engage que toi... Oui, j'ai dîné chez lui hier soir. On se voit ? Plutôt en fin d'après-midi ; à 15 heures, je vois quelqu'un pour mon enquête...

A 15 heures, il doit retrouver Muriel au Décaméron. Il n'a pas encore décidé d'y aller. Il répugne aux décisions ; les hasards, croit-il, s'en chargent à sa place. Un hasard l'a ramené à Aix ; un autre le transportera tout à l'heure à Salon-de-Provence. Il raccroche en se demandant s'il était bien nécessaire de relancer ce second vestige de la bande. Une promenade l'a réconcilié avec Aix ; Lascaux l'a fait rire. Il se sent gai, et libre. Ce sont des états transitoires, dont il faut profiter sur l'heure. A quoi bon risquer une nouvelle déception en découvrant un François vraisemblablement abruti par la pédagogie, la vie conjugale et le syndicalisme. Sa fille, il l'imagine bûcheuse, mal conformée, affligée de lunettes à monture épaisse ; son épouse, hantée par les indices de rémunération. Ils ont peut-être un studio à Bandol ou une caravane, pour les vacances...

6

Les pédagogues français ne sont pas portés sur la rigolade. Cette règle souffre d'autant moins d'exceptions qu'ils convolent entre eux, et se reproduisent. Des statistiques en témoignent. La conjugaison des lois du milieu et de l'hérédité ne laisse pas passer beaucoup de lurons entre les mailles de la FEN.

François enseigne en désespoir de cause littéraire et n'a pas épousé Marie-Claude Dubreuil sans atermoiements demeurés inavoués. Mais la pilule n'existait pas à l'époque où sa poitrine régnait agressivement sur le séminaire de préparation à l'agreg, et François, depuis la préadolescence, nourrissait un fantasme de volumes féminins à la Rubens. Ce présupposé esthétique aura scellé son destin.

Marion fut conçue à la cité universitaire, sous un poster de Che Guevara, au terme d'une manif de soutien aux éleveurs du Larzac. Il fallut « réparer ». Marion naquit, les époux réussirent l'agreg et obtinrent un poste double dans un faubourg de Marseille. Du temps s'écoula, François écrivit des romans, Marie-Claude milita, Marion grandit, un poste se libéra à Salon. Entre-temps, la poitrine de Marie-Claude s'était affaissée notablement. Vieille histoire...

François aurait voulu être écrivain, maudit si possible. Son tempérament ne s'y prêtait pas. On est plus ou moins doué pour le désespoir. Les éditeurs parisiens qui comptent lui ont refusé six manuscrits. Pas assez sot pour imputer ces échecs à l'incurie des directeurs littéraires, il s'est persuadé que son œuvre exige de gagner en maturité, peut-être aussi en profondeur. Bien écrit mais trop naïf : ce verdict unanime ne l'a pas vraiment surpris. Ses romans racontaient tous l'histoire d'un jeune intellectuel provençal qui monte à Paris, s'illustre dans la contestation de l'ordre établi, accède à la notoriété, rencontre une créature aux abois, semblable aux héroïnes de Jean Rhys. Ensemble ils touchent le fond et partent en stop à Katmandou, pour y recevoir l'enseignement d'un yogi centenaire. A leur retour, les places sont prises sur le marché de l'avant-gardisme. Déniaisé jusqu'à la moelle, le couple se replie en Provence, où le ciel est bleu, à défaut du reste. Sur ce thème rabâché, combien de milliers de provinciaux approximativement agrégés accablent les éditeurs de romans ! Par lassitude, ou par pitié, ils en publient chacun un par an — un petit débris chanceux d'âme provinciale, dont les critiques parisiens tels que Pierre louent la « sincérité », parce qu'ils se souviennent d'être eux aussi « montés » à Paris...

Les manuscrits dorment dans un tiroir que François n'ouvre jamais. Un jour, il écrira des romans moins naïfs. Ou jamais. Il trompe ce qui lui reste de soif littéraire en publiant des textes poétiques dans une revue avignonnaise dont le responsable — un autre pédagogue — dénonce obsessionnellement le « parisianisme » et prône l'exaltation des identités régionales. François fait semblant d'adhérer à cette mode, lancée par Paris, comme toutes, et reniée depuis par ses sectateurs les plus intransigeants.

D'autres que François se seraient aigris depuis longtemps, car les jours se suivent, et quel miracle en détournerait le cours ? Marie-Claude contrôle l'usage du chéquier et ne se laisse posséder (terme inexact) qu'en vacances, lèvres serrées, corps révulsé. Elle a compris à l'usage comment se déhancher pour abréger la corvée. Leur pavillon manque de caractère, leur ville d'infini, leurs distractions d'imprévu, leurs collègues de fantaisie. Au lycée, il s'ennuie.

Plus exactement, il s'ennuyait. Les jeunes filles de terminale, depuis quelques années déjà, lui inspirent de fortes émotions. Fortes et coupables. Dans nos contrées, le sens de la culpabilité s'inculque dès le berceau, et ses racines repoussent vite, si l'on néglige de les arracher. Le souvenir de l'affaire Russier, qui s'était déroulée dans les parages, à l'époque de la fac, augmentait ses appréhensions. La bande à laquelle il appartenait s'était divisée, Jérôme et lui-même prenant parti pour les amants illégaux, Pierre et Richard contre. Laura avait commenté le suicide de Gabrielle Russier en balançant une formule d'un fatalisme étrange...

Bref, les désirs de François ont louvoyé avant que de sauter l'obstacle. Leur prise est récente : une certaine Sandra, âgée de dix-sept ans, copine de classe de sa fille Marion, vient de parachever son naufrage moral. Dix-sept ans, sotte à pleurer (de joie), une poitrine effacée, à la limite de l'androgynie, des hanches soutenues, du mensonge dans la prunelle.

Marie-Claude ne se doute de rien ; Marion non plus — enfin, il veut le croire. En quittant l'âge ingrat, on dirait qu'elle se rapproche de son père. Tels symptômes laissent à espérer que la guerre (froide) dont Marion est l'enjeu va tourner à son avantage. Douée pour le sport, le piano et la danse, elle décline des livrets scolaires calamiteux. C'est encourageant. Peut-être le sang artiste des Lagarde coule-t-il dans ses veines ! Le père de François, restaurateur de son état, peignait des marines avouables ; sa grand-mère Angèle s'était enfuie avec un dompteur de Médrano. Il fallait le faire, à Pont-Saint-Esprit et au début du siècle. Marie-Claude, qu'il ne heurte jamais de front, aura du mal à inoculer à sa fille ses hautes vertus et sa conscience de béton armé. Marion choisit régulièrement des « amis » farfelus, qui se lancent dans la chanson, ou dans la course automobile. Le plus récent élève des chevaux en Normandie et Marion, si elle réussit son bac, envisage de l'y rejoindre. Marie-Claude n'y consentira pas, François affectera de sermonner Marion. Dans trois mois, elle sera majeure...

La question du bonheur ne se pose plus. Sa vie le frôle sans l'atteindre. Il habite ailleurs — en d'autres lieux, dans des époques plus fruitées. C'est le privilège de l'historien. Le goût des filles inachevées, dans son désordre mental, figure un mirage parmi d'autres ; la revanche sur Marie-Claude, promise par Marion, ne le flatte que superficiellement. Il faudrait qu'il haïsse son épouse. Pas capable de haine, le malicieux, le négligent, le paresseux, l'inconsistant François. Capable de quoi ?

L'appel de Pierre, tout à l'heure, lui a complu

sans l'émouvoir. N'ayant jamais rompu le fil de son adolescence, il se dispose à accueillir son ami comme s'ils s'étaient séparés la veille. Pierre, Richard, Jérôme, Laura... Drôle d'équipage. Lorsqu'il repense à eux, c'est à peine si un regret l'effleure. Il n'a revu que Jérôme ; en sa présence il évite les allusions aux trois autres. Jérôme est si fragile, si désemparé ! Tout le monde en Provence intérieure sait que Muriel, à Marseille et ailleurs, avec n'importe qui... Est-ce que Pierre a su se tirer de ce guêpier : l'âge adulte ? Pierre était orgueilleux ; le journalisme, la vie parisienne, la fréquentation des célébrités ont pu le rendre morveux. Et Richard ? François aimerait apprendre qu'il est vraiment parti pour les Amériques — en Arizona par exemple, il décrivait si bien la cathédrale blanche de Tucson et ces gamblers de la grande époque, qui se retrouvaient dans un salon, sur la route de Bisbee. « J'en connais qui se sont battus contre les Apaches »... Il ne mentait pas, ses gamblers existaient dans une réalité autre, la sienne, la leur... Et Laura ? Il l'avait connue plus tard que les autres. La tentation de l'aimer l'avait effleuré. Juste une tentation : elle paraissait si offerte. Un soir — un seul soir —, ils s'étaient retrouvés tous les deux, Laura et lui, dans une pizzeria de la rue Miguet, en face d'une église de style jésuitique où Richard allait quelquefois prier. Car Richard hantait les églises ; François aussi, avec une moindre ostentation. Où étaient les autres ce soir-là ? On peut supposer que Jérôme révisait, que Richard prenait un avion et que Pierre était parti voir un match de foot à Marseille ou à Nice. Laura s'était confiée à sa manière : un peu de vrai, pas mal de frime. Vraie, l'ascendance juive ? Frime, les amants à la pelle ? Et ces rires immenses, tête rejetée en arrière, vrais ou faux ? Et les ancêtres ukrainiens, les cinq cent mille hectares du grand-père, les moujiks semés dans la neige, les ours égorgés à la dague ? Folle, mégalo, hystérique ? Mais si douce. Vraie, la tendresse à fleur de geste ? Elle payait tout, parlait avec des accents variables, donnait ses lèvres (un peu), refusait le reste en s'excusant (« Si tu savais ! »). Mystérieuse Laura...

Il a cru l'apercevoir, récemment, seule, au guichet de l'autoroute, un jour qu'il se rendait à Aix. Elle conduisait une R 5 bleu marine et portait des lunettes de soleil. Il aurait voulu la suivre, sa voiture ne le pouvait pas. Il aurait pu se renseigner : Laura quelque chose, un nom venu d'ailleurs. A quoi bon ? L'année dernière, Jaffieu, un collègue du lycée qui habite Rognes, a prétendu l'avoir reconnue, dans un village voisin du sien, en compagnie d'un jeune homme qui lui rappelait vaguement quelqu'un d'autre. Ce Jaffieu avait côtoyé Laura en deuxième année de lettres modernes. Il la croyait suédoise ou norvégienne et se souvenait qu'à l'époque, on la disait rémunérée par la CIA. Le gauchisme ambiant voyait des suppôts yankees embusqués dans toutes les salles de conférence. Avec le recul, idéologique et autre, François juge l'hypothèse romanesque, mais tout à fait improbable.

Midi trente. Le Dr Carcenac vient de terminer ses consultations de la matinée. Dans sa nuit tourmentée, le sourire de Laura et les ricanements de Muriel se sont renvoyé une balle trop lourde : lui. Au réveil, il était épuisé.

Il a pris en se rasant la résolution de retrouver Laura, où qu'elle soit. Ce pari insensé l'a soutenu toute la matinée. On inventerait n'importe quoi pour enrayer certaines déprimes. Il revoit chaque épisode de la soirée d'hier : Pierre et son détachement ; Muriel et son snobisme. Elle s'est levée pour vomir, au milieu de la nuit, il l'a entendue.

Elle dort encore. Inutile de la réveiller pour lui rappeler qu'aujourd'hui il déjeune en ville : Muriel ne cuisine jamais — féminisme oblige — et Maria, leur employée de maison, a pris son congé hebdomadaire.

Il sort, remonte à pied la rue du Quatre-Septembre, traverse le cours Mirabeau, évite comme d'habitude le passage Agard. A pied pour sa forme : depuis peu, le déclin de son corps l'épouvante. Sur les conseils de Corinne, il a commandé des instruments de *body-building* — qu'il n'utilisera jamais, faute de temps, ou parce qu'une prochaine mode aura réhabilité les plats en sauce et dénigré le culte du muscle.

Place d'Espagne. Il entre au Tabarin. C'est la brasserie où les jeunes loups aixois viennent boire les rumeurs de la ville. Dans les salons du premier étage, chaque mardi, les membres du Lyon's se retrouvent à l'apéritif : Biescas, l'agent immobilier, Lavau, le directeur des services fiscaux, Burin, le pédiatre, Vannier évidemment, le mari de sa maîtresse, l'amant de Luce Biescas. Autant d'adeptes momentanés du *body-building*. Parmi eux, Jérôme, le plus élégant, le plus aiguisé, le plus ostensiblement arriviste. On se méfie de lui ; on l'éliminerait si son beau-père, qui appartient au Rotary, ne régnait sur dix conseillers généraux des Bouches-du-Rhône et sur le Conseil de l'Ordre. Pour tout dire, on a voté contre lui aux cantonales. L'isoloir permet ces entorses à la loi du milieu. Jérôme n'en est pas dupe.

Il serre des mains, commande un Glenfiddish. Bref aparté avec de la Marinière, le nouveau stagiaire de l'ENA à la préfecture. Banalités : le stage de de la Marinière est « passionnant », les Aixois « accueillants ». Combien de petits énarques, susurrant des propos pareillement lisses, ont-ils été invités aux apéritifs du Lyon's ? Ils se ressemblent tous : même trois-pièces (flanelle grise), même vocabulaire (concerner, positionner), mêmes sourires, même arrogance dans l'humilité — à ceci près que de la Marinière est socialiste ; ses prédécesseurs étaient giscardiens. Nous sommes en France.

Tandis que ce vieillard âgé de vingt-deux ans récite son bréviaire (« M. le préfet est très attaché à la décentralisation ! »), Jérôme se surprend à mépriser violemment cette comédie sociale, qui ne vaut pas moins cher que d'autres. Un juge invisible (Pierre ?) lui a prêté son regard et déshabille les parleurs. Le spectacle n'est pas ragoûtant.

Il veut s'en aller, soupire, s'accroche à sa résolution, cherche Burley dans la salle. S'il était capable encore d'avoir un ami, le juge d'instruction serait cet ami. Parce qu'il ne se pique de rien, avoue son homosexualité, sa médiocrité professionnelle, son inaptitude au sport, son indifférence, son ennui. Parce qu'il joue le jeu, sans faire semblant d'y croire. C'est Jérôme qui l'a fait entrer au Lyon's ; il vient aux réunions pour ne pas boire seul. Jérôme l'attire près d'une fenêtre. Dehors, le soleil inonde la place ; deux gros marronniers sont en fleur.

— Un service à te demander, Pierre-Jean. Service privé. Je cherche une femme, Laura quelque chose. Quelque chose de juif, qui sonne allemand ou slave. Rousse. Il y a un peu moins de vingt ans, elle était inscrite en fac, à Aix : histoire de l'art et lettres. Je crois qu'elle habitait du côté de la rue Barrault...

— C'est vague.

— Je sais. Tu peux essayer ?

Le juge a sorti un carnet, noté les renseignements.

— Dès cet après-midi. Tu t'intéresses encore aux femmes ?

— Petit retour d'âge ; ça me passera.

Sourires sans joie. Jérôme poursuit après une hésitation :

— Tu vas sans doute rencontrer un certain Merlaud pour l'affaire Cristofini ; un journaliste de *Presse-Matin.*

— Nous avons rendez-vous à 16 heures.

— C'était un ami, il va peut-être te parler de moi. Je... Enfin, j'aimerais autant qu'il ne sache pas.

— Il ne saura pas...

Vannier se joint à eux. On parle du crime, naturellement. L'air de rien, on s'appesantit sur les hypothèses les moins honorables pour la mémoire du défunt. Les morts ne se vengent que dans les tragédies antiques. Un peu de boue remuée au hasard peut tacher tel confrère haï, tel amant avéré ou potentiel. C'est toujours ça de pris. Les Aixois qui comptent ont tous défilé dans la villa du site Cézanne, y compris Jérôme. Il s'est même demandé si Muriel et Cristofini, l'année dernière... En débinant Cristofini et ses obligés, il retrouve d'instinct la propension du bourgeois à célébrer ce qui l'accable. On parle aussi d'une station de ski nouvellement ouverte, dans les Alpilles, au-dessus de Sisteron. Des week-ends sont envisagés.

Au quatrième Glenfiddish, Jérôme se dédouble complètement. Le Dr Carcenac continue de bavarder avec les siens. L'autre observe, et songe à Laura. Chavirée par la fatigue, le désarroi et l'alcool, sa mémoire enregistre des clichés épars, puis se fixe sur une étreinte. Où était-ce, Laura ? Une rue assez sombre, pas loin de chez elle. Pas loin d'ici non plus, puisqu'elle lui fixait des rendez-vous sur la place d'Espagne et qu'elle s'y rendait sans sa mobylette. Une étreinte assez impudique, tard dans la nuit, contre l'arbre d'un square. Impudique mais empreinte de drôlerie, comme si deux enfants imitaient pour jouer les gestes amoureux des adultes...

7

Presque 15 heures et Pierre hésite encore. Une voix lui dicte de renoncer au rencard avec Muriel — peut-être celle de la sagesse, peut-être celle de Laura. On ne touche pas l'épouse d'un ami : d'habitude, c'est son principe. Il en faut quelques-uns pour survivre ; quelques-uns seulement, sinon ils se contrarient, et l'on s'y perd. Il faut savoir aussi les transgresser à l'occasion. D'ailleurs, est-ce que Jérôme est encore un ami ?

Pierre voudrait bien nommer « curiosité » l'appel contraire, qui le rapproche du Décaméron, mais il se connaît, les ongles de Muriel sur le dos de sa main ont éveillé en lui un faune imprévisible.

Depuis son entretien avec Lascaux, il vit dans la peau d'un rôdeur, et s'y trouve bien. Attente du bonheur. Il a déjeuné derrière la prison, dans un restaurant d'étudiants, en constatant que les jeunes filles des facultés d'Aix-en-Provence savent toujours nuancer l'indispensable BCBG d'un laisser-aller que la latinité tolère. C'est réconfortant. Il a bu du vin d'Italie, pour que le Sud infuse dans ses veines. Le Sud profond, couvé à dix-huit ans dans la pénombre aquitaine, qu'il croyait avoir renié depuis, au point de refuser les occasions professionnelles de se rendre en Italie, en Grèce ou en Espagne. Peu de critiques parisiens renoncent à interviewer chez eux Calvino ou Sciascia. On n'a jamais compris à *Presse-Matin* pourquoi Pierre préférait envoyer des pigistes à Rome ou en Sicile. Pourquoi ? Il ne sait plus ; un autre « moi », dirait-on, a supplanté l'ancien — un « moi » de cerisiers en fleur, de sols fraîchement labourés, d'azur parcouru de nuages pâles. Un « moi » renaissant. Il retrouve, intacte, cette saveur de prémices et l'envie subséquente de s'y abandonner. S'il retrouve Laura...

Place des Prêcheurs. Toujours des étudiants éparpillés sur les marches du palais de justice, entre les flaques de soleil. Une très jolie brune, à peine vêtue d'un short et d'un chandail beiges, bouquine en tirant sur une cigarette des bouffées paresseuses. Tentation de l'aborder, mais comment ? Il s'éloigne, marche dans le soleil, porté par une volupté sans destination précise.

Pourquoi cette brune plutôt que Muriel, à qui elle ressemble à une génération près ? Choisir, écrivait Gide, c'est se mutiler.

Dans les rues piétonnières, des mères débutantes poussent des bébés endormis ; presque toutes répondent à ses sourires. Aix-en-Provence, ville pour le bonheur — et pour la drague.

Passage Agard. Cours Mirabeau. Un sculpteur sur bois achève une vierge devant le Select ; un peintre reproduit les lucarnes d'un immeuble planqué derrière les platanes. A ce moment du jour, les façades ensoleillées sont presque rouges, les oiseaux se taisent, la nonchalance confine à la torpeur.

Le Décaméron se trouve en face. Pierre traverse le cours. Selon Zola, les aristos aixois du siècle dernier se promenaient de ce côté-ci, exclusivement, même pendant les journées révolutionnaires. Est-ce Jérôme qui descend le cours, s'engage dans la rue du Quatre-Septembre ? Il marche lentement, tête baissée, mains dans les poches. A l'époque, il regardait droit devant lui, et il fallait hâter le pas pour le suivre.

Muriel est assise à une table d'angle, près de la baie vitrée. Elle fume en lisant une revue. Cheveux noués, chemisier blanc, jupe noire qui découvre un genou bien dessiné. Séduisante, presque belle. Pire que belle.

Pierre entre, elle se retourne, leurs regards se croisent. Celui de Muriel s'insinue jusqu'à l'indécence.

— Votre enquête progresse ?

— Vaguement.

— C'est un assassinat politique ?

— Probablement pas.

— Ça m'étonnerait beaucoup. Cristofini ne menaçait personne ; il se contentait des apparences du pouvoir.

— Vous le connaissiez ?

— Évidemment. On a dû vous dire que mon père appartient au même parti.

— Personne ne m'a parlé de votre père. Ils étaient liés ?

— Sans plus. Mon père est lié avec tous les gens qui remuent de l'air dans la région...

Elle soupire, exhale de la fumée, tête légèrement penchée en arrière. Pour faire connaître qu'elle ne porte rien sous son chemisier ? Elle vide son verre, en commande un autre :

— Cette histoire vous passionne ?

— Pas du tout. Je remplace deux collègues.

— Comment vous trouvez Aix ?

— La province... L'éternelle province...

Elle acquiesce. Long silence. Deux ennemis s'épient, soudés par la montée du désir. Il devrait exister un autre mot pour désigner ce culte de l'irrémédiable qu'ensemble ils s'apprêtent à célébrer et qui fait trembler la main de Pierre lorsqu'il allume une cigarette.

Elle le regarde avec une infinie tristesse. Infinie, mais pas exempte de comédie. Au bout du dernier rouleau, elle n'aurait plus le cœur de faire ainsi la maligne. Il y a loin des nausées existentielles aux désespoirs dignes de l'appellation.

— Vous avez fait le tour de vos souvenirs ?

— Pas encore. Je prends mon temps... et quelques précautions.

— Vous espérez quoi ?

— Espérer, qu'est-ce que ça veut dire ?

— Rien...

Elle le dévisage différemment — avec dans le regard une sorte d'urgence.

— Quittons cette ville infecte !

— Infecte ? Pourquoi ces grands mots ?

Il sourit. L'alerte aura été chaude. A présent cette nympho badigeonnée de lettres très modernes l'indispose. Il revoit Jérôme, sur le cours, voûté, misérable. Il le plaint :

— Vous haïssez Aix, vous méprisez votre mari. Or vous vivez ici, avec lui. A quoi ça rime ?

Prise à son piège, elle ricane en troussant ses lèvres, ce qui installe à nouveau du désir dans la gorge de Pierre, mais elle ne s'en aperçoit plus, elle hurle presque, un couple se retourne à la table voisine :

— Ça rime avec... Vous avez vu Jérôme, non ? Vous l'avez connu avant ? Il voulait tout bouffer ; j'étais censée partager le butin. Si au moins il avait été capable de...

— Capable de quoi ?

Nouveau soupir, nouveau silence. Elle pose sa main sur celle de Pierre, avec une presque douceur. Ses yeux noyés, sa voix comme un râle.

— Viens...

Il va consentir, à cause des lèvres mouillées, des jambes opportunément décroisées — et la suite, il l'imagine, car les Muriel de la province sont coulées dans le même moule, il en a cassé plusieurs à Bordeaux : un corps à corps fielleux et puis des confidences. C'est Laura qui le sauve — le souvenir d'un autre corps à corps, ébloui, vertigineux, dans sa chambre de l'impasse des Capucins. Laura riait en pleurant, se dérobait à l'extrême bord du précipice, renvoyait la suite à demain, c'est-à-dire à jamais...

— Laisse tomber, Muriel. Tu joues plutôt mal un rôle pas très neuf. Rentre chez toi, dis à Jérôme que son ami ne vaut pas le détour...

Il se lève, règle les consommations. Presque heureux ; assez fier de lui : on ne touche pas la femme d'un ami. Muriel pleure doucement, du rimmel suinte sur sa joue. Presque émouvante. Dernier écueil : l'envie de gronder fraternellement cette fausse petite fille qui renifle. Fausse ou pas, ça ne le regarde plus. Il sort, retraverse le cours. Passage Agard. Passage obligé des déambulations aixoises, où l'on rencontrait toujours quelqu'un. Si Laura habite encore la région, ils pourraient s'y croiser, sans se reconnaître. Il est probable qu'elle a décampé depuis longtemps. On ne vit pas à Aix, on y transite. Ou alors on s'y enlise, comme Muriel et Jérôme.

Palais de justice. L'audition d'un détenu s'achève dans le bureau du procureur Ratier. On introduit le commissaire Lascaux ; le juge d'instruction Burley se trouve déjà dans la pièce. Il adresse au commissaire un clin d'œil, dans le dos du procureur. Le vieux Ratier ne peut même pas concevoir qu'une forte complicité rapproche ce prolo devenu commissaire, dont la vulgarité l'offusque, et ce bourgeois déchu, fils d'un membre haut placé du Conseil supérieur de la magistrature. Effectivement, Aix ne propose aucun lieu social où un Lascaux et un Burley se puissent fréquenter. C'est pourquoi ils ont pris l'habitude de dîner en terrain neutre, une fois par mois, dans une auberge de Pertuis où personne ne les connaît. Leurs vues sur les tribulations humaines convergent absolument — à ce détail près que Lascaux s'en régale, tandis que Burley y trouve de l'ennui. Le scepticisme est une auberge espagnole ; on y consomme le réconfort ou l'accablement qu'on y apporte, sans plus...

L'affaire Cristofini est close. Arrêté dans la nuit à Saint-Cloud, le meurtrier est passé aux aveux, sans compromettre le milieu où Cristofini étanchait sa soif de paraître. Intense soulagement de Ratier, qui avait dîné lui aussi dans la villa du site Cézanne. Un crime passionnel ne mange pas beaucoup de pain scandaleux. Une victime qui ne fera pleurer personne, un coupable au placard, une veuve qui hérite, une amante consolable : cette affaire est d'une propreté admirable. Dommage que le meurtrier ait appartenu au même parti politique que sa victime... et que le garde des Sceaux...

Reste à informer la presse. De l'autre côté de la cloison, une secrétaire tape la version officielle, qui n'est pas fausse, ni tout à fait vraie. Les journalistes parisiens vont-ils s'en satisfaire ? Politiquement, *Presse-Matin* durcit le jeu depuis quelques mois, et ce Pierre Merlaud a paru bien sournois à Ratier. Sournois et arrogant. Il sait que le revolver appartenait à Cristofini. C'est fâcheux. Qu'en pense Burley ? Il n'en pense rien, M. le procureur, il surprend et interprète l'ébauche d'un sourire sur le visage de Lascaux : on trouvera demain, dans *Presse-Matin*, une version du crime moins conforme aux intérêts du personnel politique provençal. Tant pis si la chancellerie tousse ; tant mieux...

Ils sortent du bureau ; le procureur les salue et s'enferme.

— Je suppose que ce Merlaud est un ami.

— Depuis presque quinze ans. Si tous les journalistes étaient comme lui...

— Je l'ai reçu avant d'arriver chez le proc. Il est bien informé.

— Forcément.

— Tu prends tes risques. Quel jeu joue-t-il ?

— Aucun. Ces jeux ne l'amusent plus, je me demande pourquoi.

— Si tu le dis... Gérard, je suis à la recherche d'une jolie femme, et...

— Je t'ai toujours dit que tu finirais par t'y mettre...

La plaisanterie, qui a déjà servi, arrache un sourire au juge. Dans l'esprit finalement naïf de Lascaux, l'homosexualité d'un homme s'apparente à une maladie curable. A chacun ses théories.

— Une femme que je ne connais pas. Elle s'appelle Laura et elle est juive.

Lascaux le coupe en fronçant les sourcils :

— Une rousse, qui étudiait à Aix et qui porte un nom étranger ?

Surprise du juge :

— Comment peux-tu le savoir ?

— Parce que je cherche la même. J'aurai ses coordonnées dans la soirée, peut-être avant. C'est un ami qui te demande ça ?

— Oui. Toi aussi. Respectons leur anonymat. Drôle d'histoire...

— Un coup de nostalgie, comme disent les magazines ; c'est fréquent à un certain âge, il doit y avoir des statistiques...

Lascaux est positif ; la vie pour lui se résume en statistiques. A l'école de commissaires de Saint-Cyr-au-Mont-d'Or, il n'a voulu retenir rien d'autre. Un cocu pour trois époux, un raté par famille bourgeoise, un pédé pour cent types qui ne le sont pas. Quel pourcentage de nostalgiques invétérés dans une génération qui n'a pas fait la guerre ?

— Je te renseigne ce soir. J'ai déjà appris qu'elle est mère célibataire.

Il y a des statistiques aussi sur les mères célibataires. Leurs enfants sont sujets à la délinquance précoce, davantage que d'autres, et les pères acquittent à regret leur pension alimentaire...

8

Place des Martyrs-de-la-Résistance. Des martyrs à Aix, c'est inattendu. Des résistants, davantage encore : cette ville apparemment se donne au plus offrant, avec une complaisance de putain un peu lasse.

Pierre a téléphoné son article de l'hôtel : crime à la fois passionnel et crapuleux — mais qui signale, chez les « amis » de la victime, des mœurs frelatées. Faucon le paie tous les mois. Après quoi il a appelé Sylvie, pour lui annoncer qu'il prendrait sans doute un train du soir. Elle l'attend. Sylvie ronronne dans l'attente, comme un chat sur un radiateur. Il faudrait être fou pour s'en plaindre.

Ensuite il a remonté la rue Saporta, jusqu'à Sciences-po. Décor intact. Sur la place, la statue d'un barbu, dénommé Peireso (1580-1637), qu'il n'avait jamais remarquée. Les jeunes gens sont si occupés à sculpter leur propre buste, avec l'argile de leurs songes, qu'ils ne font pas attention aux autres.

Il entre dans le hall de Sciences-po, en ressort aussitôt, se laisse happer par un bar minuscule qui porte enseigne de *La Dolce Vita.* Pourquoi pas ? Des photos punk tapissent les murs, et un enregistreur assène du rock nouveau. Il préférait l'ancien. Une *dolce vita* moins agressive et moins branchée répondrait mieux à ses dispositions. La seule cliente est vêtue entièrement de cuir noir ; elle écoute la musique, yeux clos, comme immobilisée dans une extase sinistre.

Il sort, retrouve le soleil, entre dans le hall, demande à un appariteur si le Pr Mazergues enseigne encore. On lui répond qu'il sera dans son bureau à 5 heures et il prend rendez-vous. Pierre Merlaud, il se souviendra. C'est une assertion présomptueuse, mais il plane sur un nuage, des amarres en lui sont larguées ; les couleurs, les odeurs de ce patelin sucré et rose l'installent dans une irréalité vaporeuse, un brouillard d'images floues où émerge par moments la silhouette de Laura. Dès lors qu'on habite l'instant présent, on se sent invulnérable. Tout à l'heure, dans le bureau du procureur, il s'est laissé aller à l'insolence, sans but, sans préméditation non plus, suggérant qu'il savait des choses pour le seul plaisir de répandre l'inquiétude. Même jeu avec ce juge au visage de clown triste — mais lui s'en foutait, visiblement...

Il entre dans la cathédrale, avance dans la demi-pénombre. C'était le havre de Richard. Il l'avait surpris plusieurs fois, assis devant l'autel, immobile, embarqué sur quelle goélette ? Envie de revoir ce mytho sublime, qui accommodait Dieu aux sauces les plus extravagantes. Dieu ou le diable, selon l'humeur. Même Jérôme rengainait alors son ironie.

Un organiste plaque des accords ; un vieillard agenouillé pleure silencieusement. Quiétude douce-amère. Ébauche d'une résurrection. C'est facile, il suffit d'avoir été élevé chez les curés, d'avoir appris à épier les bruits de son âme en psalmodiant du grégorien. Nuls ravissements charnels qui n'aient rappelé à Pierre les chuchotements du confessionnal. Les enfants de la laïque ne savent pas ce qui leur manque...

Il ressort, lesté des dernières souillures de l'âge adulte, s'attarde dans le cloître. Un pigeon gris s'est posé entre deux colonnes. Sur la place, le soleil lui saute au visage, une chanson d'Elvis s'impose à son esprit — une chanson gaie, aux frontières du country et du rock : *When My Blue Moon turns gold again...* Elvis, l'idole de Richard. Lui, c'étaient plutôt Cliff ou les Beatles, à cause de ses vacances en Angleterre, des Barbara dodues qui toléraient que ses mains s'égarassent. Déjà contaminé par le snobisme, Jérôme citait des jazzmen *free* peu connus. François s'en tenait aux bluesmen du Mississippi.

Laura ? Impossible de cerner ses goûts, ses envies, ses manies. La mémoire est capricieuse ; elle propose à Pierre une multitude de plans, en mélangeant la chronologie. Il en résulte une Laura impersonnelle, qui accompagne la bande, exactement comme une guitare basse soutient un morceau. Soutient et module. Son visage se précise, et sa voix, et sa dégaine de tendre voyou (au féminin). De nouvelles pièces s'ajoutent sur le puzzle, au fil des minutes. Par exemple le fait que sa mère vivait à Villefranche, et que son père était décédé. Du moins elle le prétendait. Il faudra en informer Lascaux. Pierre n'est pas loin non plus de situer le logement de Laura : une rue ombreuse, du côté de la place d'Espagne. Il s'y rendra tout à l'heure. Il l'avait raccompagnée plusieurs fois, mais elle ne l'avait jamais invité à monter. Secrète et craintive Laura...

A nouveau la petite place, la statue du barbu, le hall de Sciences-po. Des étudiants sortent de cours. Une jeune fille ressemble à Laura, vaguement — enfin, au souvenir de Laura : des cheveux roux, noués sur la nuque, un sourire d'aube, un air d'absence, un pull trop grand, un jean serré qui découvre la cheville, pieds nus dans des sandales. Pierre la suit. Un étudiant la rejoint bientôt, pose sa main sur une épaule.

Petit effluve de jalousie. Ce couple, juge-t-il, est mal assorti. Ils le sont tous lorsque la fille est avenante.

Mazergues l'attend dans son bureau. Il a maigri, des cernes pochent ses yeux et ses mains tremblent. Il enseignait l'histoire des idées, à sa façon, qui convenait à Pierre. Un cocktail de Montaigne et de Tocqueville, avec la dose d'anarchisme sans lequel ses étudiants l'auraient trouvé imbuvable. Il se référait à Aron, Monnerot, Ellul. Aujourd'hui, c'est admis ; à l'époque, il en fallait moins pour être réputé « facho ». L'air du temps portait la population estudiantine aux utopies politiques. Avant d'adhérer à un mouvement d'extrême droite anticapitaliste, Jérôme avait flirté avec les maos. François se réclamait entre autres de Bakounine et fréquentait des anars rencontrés au restaurant universitaire des Arts et Métiers, réputé meilleur que celui des Fenouillères. Richard ambitionnait d'exporter la révolution dans des contrées lointaines, à l'instar de Régis Debray, dont les balades en Bolivie flattaient en lui des appels de grand large. Sur un point de théorie, son gauchisme échevelé le gênait aux entournures : la femme. Il l'aurait cantonnée dans des tâches domestiques. Or les dogmes du moment exigeaient son émancipation. D'autres contradictions embrumaient la conscience politique des uns et des autres.

Pierre déjà s'avouait conservateur. Un peu par défi ; mais l'allergie de Mazergues aux émois collectifs rencontrait sa nature, qui est méfiante et se love dans le passé plus volontiers qu'elle ne chevauche le devenir. Conserver, c'est ralentir la course du temps — donc se rapprocher de Laura, que le lyrisme en rouge et noir de Richard faisait rire d'indulgence. Le sien était plutôt mauve et se passait de fondements théoriques. Sommée de prendre position, sur l'affaire Russier par exemple, ou la chute d'Allende, elle se débinait en invoquant son ignorance. Parce qu'elle lisait *Point de vue — Images du monde*, Jérôme la soupçonnait de complaisance pour l'institution monarchique.

— Vous n'avez pas changé, Merlaud. Je sais par Carcenac que vous êtes devenu journaliste. Ça vous amuse ?

— De moins en moins.

— J'en ai autant à votre service. Si le whisky était moins cher, je demanderais ma préretraite. Savez-vous, Merlaud, que les étudiants sont devenus très ennuyeux. Très. Ils travaillent bêtement et ne pensent à leur avenir qu'en termes professionnels.

— C'est désolant ! Il vous reste les filles...

— Elles sont pires, Merlaud. Savez-vous ce qu'elles désirent toutes ?

— Un mari et des enfants...

— J'y souscrirais. Non, elles désirent un métier.

— Elles sont vraiment tombées si bas ?

— Vous ne pouvez pas imaginer. Des rats, Merlaud, des rats studieux, qui préparent les concours administratifs. Des rats innombrables...

Il fait du bras un geste comique, comme pour repousser l'intrusion d'une population de rongeurs, relève ses lunettes, sourit :

— Vous avez revu d'anciens amis — à part Carcenac qui, entre nous, n'a pas bien tourné ? C'était pourtant le plus brillant de vous tous. On se croise dans des mondanités où ma femme me traîne.

— Vous êtes marié ?

— J'ai tenu jusqu'à cinquante ans avec des chats ; j'ai craqué quand le dernier est mort. Ma femme a votre âge. Ça me condamne pratiquement au cocuage. J'assumerai. Et les autres ?

— Je revois François Lagarde ce soir.

— Il n'a pas changé non plus. Nous nous rencontrons dans des conclaves d'historiens. Il donne l'impression de s'y emmerder autant que moi.

— Vous vous souvenez de Richard ? Des cheveux longs, un visage émacié.

— On ne le voyait pas souvent. Vous l'avez retrouvé aussi ?

— Non. Il a disparu. Il y avait aussi une fille, Laura. Une rousse, jolie...

— Plutôt excitée. Je m'en souviens parce

qu'elle était toujours avec vous. La couleuvre, c'était bien elle ?

— Je crois...

Une couleuvre ramenée de Toulon par François, que Laura avait lâchée dans l'amphi. Bien qu'il récusât la notion de responsabilité collective, Mazergues avait viré du cours les cinq membres de la bande. Ils y avaient acquis un prestige considérable. La gloire estudiantine ne coûtait pas cher. Dans le souci d'amortir l'investissement du reptile, François l'avait rattrapé sous le bureau de Mazergues. Il avait resservi en fac de lettres. Conclusion de Mazergues : au moins vous saviez rigoler...

Pierre et son vieux prof commentent l'inconduite de Muriel Carcenac, avec des rires... masculins. Puis ils évoquent, en l'idéalisant, le temps où les filles bien nées étudiaient pour se distraire, couchaient pour défier leurs parents, puisaient dans les classiques barbus du marxisme les ingrédients d'une révolte financée par la croissance économique. Le temps béni où Elvis, revenu sur scène, ressuscitait les *Don't be cruel* des premières surboums. Le temps (perdu ?) ou quatre jeunes gens, dans le vent comme les Beatles, accompagnés d'une girl endiablée, s'embarquaient vers les calanques dans la deux-chevaux de Pierre, investissaient un village, décrochaient éventuellement le drapeau tricolore sur le toit de la mairie, semaient le bordel dans le troquet, y programmaient la *reconquista* de l'Afrique (pour « libérer » les indigènes, précisaient Jérôme et Richard), s'en allaient sans payer, aux petites heures, klaxonnaient devant la gendarmerie, à l'initiative de Laura, qui n'aurait reculé devant aucun sacrilège. Les gendarmes apparaissaient en pyjama, François les honorait d'un bras d'honneur, Pierre poussait la seconde à 80 ; par précaution il bifurquait dans le premier chemin, arrêtait le moteur. Attente délicieuse ; parfums mêlés des cheveux de Laura, qui frôlaient un visage (lequel ?), et des lavandes alentour...

Le temps des illusions, des ambitions, des appréhensions aussi. Jérôme n'ignorait pas qu'à son âge, Bonaparte soumettait l'Égypte, avec des copains déjà promus généraux. Au même âge Pelé régnait sur le Maracana, et Pierre ne jouait qu'en promotion de ligue, les dimanches après-midi, mornes dimanches, car la bande s'éclatait. A vingt ans, œuvre bouclée, Rimbaud s'embarquait pour les Afriques, laissant à Aix deux fans pas trop certains de l'y rejoindre un jour : Richard et François.

Les lendemains matin de virée, l'orgueil inassouvi de nos quatre godailleurs tirait la gueule de bois. La solitude d'une piaule d'étudiants est mauvaise conseillère lorsqu'il ne reste dans les poches qu'un ticket de resto-U. Il y eut des moments où Richard songea au suicide, Pierre au repli monastique, Jérôme aux concours administratifs, François au mariage. Les matinées se traînaient en longueur. On attribuait aux trois autres une influence délétère, on prenait des résolutions de labeur et d'abstinence. Jérôme ouvrait son cours, Pierre lisait, François écoutait un disque, Richard se rendormait.

On se retrouvait en milieu d'après-midi sur le cours Mirabeau, mini-théâtre des dramaturgies aixoises, et on ébauchait des bilans. Partir... Laura se pointait, le vent soufflait dans les voiles, on additionnait les ressources financières disponibles et on décidait une croisière à Bandol, ou sur le Lubéron. Pour l'Amérique il valait mieux attendre la fin de l'année universitaire...

Un soir de grande euphorie, Richard avait décrété qu'un serment solennel devait engager les quatre amis à une solidarité sans terme. Il venait juste de relire *Les Trois Mousquetaires.* C'était à Plan-d'Orgon, dans un bistrot dont le juke possédait des Otis Redding introuvables ailleurs. Ami du père de François, le patron les avait traités au pastis de fabrication artisanale. On sait qu'il enivre plus vite que les autres. A la cinquième tournée, cinq mains droites s'étaient tendues au-dessus du Formica : un pour tous... Otis Redding chantait *Respect,* Laura riait comme une démente. Pour dissimuler leur émotion, les mousquetaires lâchaient des vannes épaisses. Lequel avait demandé à Laura celui des quatre qu'elle finirait par épouser ? Rires gênés. « Je choisirai plus tard. » Par conséquent, chacun gardait ses chances.

C'est Richard — toujours lui — qui proposa ensuite qu'une revue incarne leur amitié, définisse leurs ambitions, traduise leur état d'esprit. Une revue où chacun signerait des articles. Deux bouteilles de Châteauneuf contribuèrent à la définition des rubriques. Jérôme chroniquerait la politique, François la vie littéraire, Pierre les événements sportifs. Les grands reportages à la Kessel revenaient de droit à Richard. Il fallut trouver un biais pour associer Laura à l'aventure. On la nomma inspiratrice en chef de la revue. Stylisé par un copain de Pierre, qui dessinait passablement, son visage figurerait sur la couverture. Toute modestie bue, elle accepta le rôle, proposa en outre de taper les papiers à la machine.

Le projet soutint la cohésion et le moral de la bande pendant presque deux années. Régulièrement ajournée pour des raisons subalternes (finances épuisées, articles pas prêts), la parution du premier numéro restait sur leur ligne de mire. Combien de pastis pour accoucher d'un titre audacieux — *Les Conquérants* — fauché sans vergogne à Malraux ! Combien de réunions, baptisées « de travail », pour harmoniser les chroniques, concevoir la mise en pages, convenir d'un graphisme ! Il y eut un texte de Jérôme sur le conflit du Viêt-nam jugé par Richard haineux à l'excès ; une chronique de François sur les dessous de la politique toulonnaise qui risquait de les conduire sur les bancs d'un tribunal correctionnel. Les carnets de voyage de Richard se faisaient attendre ; et Pierre avait rédigé un hommage provocant à l'« impérialisme » du talent de Franz Beckenbauer. Ce mot — « impérialisme » — participait en ce temps-là de la démonologie en vigueur...

... Le premier numéro des *Conquérants* ne parut jamais. Pierre se demande encore pourquoi. L'année de son diplôme, Richard disparut longuement, ne revint qu'à l'approche des examens, repartit aussitôt. Il préparait soi-disant un voyage. Il avait bien promis aux autres de les emmener avec lui, mais il promettait si souvent.

La présence de Laura se fit intermittente ; puis rare. Elle avait assisté cependant au grand oral de Pierre, pour l'encourager. C'était la seule. Jérôme passait un examen de médecine à Marseille. Il avait décidé en début d'année de s'inscrire en médecine. Dans les pays où ils voulaient s'établir, avait-il expliqué, on demande plutôt des docteurs que des lettrés ou des sciences-politiciens. C'est le bon sens même. La fac se trouvant à Marseille, on le voyait moins souvent. François, qui avait subi le grand oral la veille, était parti pour Toulon réviser ses cours d'histoire. Et Richard, inscrit à Sciences-po, en lettres et en droit, n'avait pas jugé nécessaire de se présenter. Les diplômes ne sont pas monnayables sous les tropiques.

Pierre se souvient d'avoir arrosé son diplôme sans la bande, en compagnie de copains qui rêvaient de l'ENA, prosaïquement. En principe il devait revenir à Aix l'année suivante, pour y préparer un DEA. Façon comme une autre de reculer d'un an l'échéance redoutable du boulot. Revenu à Bordeaux, il s'interrogea. La bande s'était disloquée, la magie du Sud avait cessé de le subjuguer. Comme tant de provinciaux un peu avides, il désira conquérir la capitale. D'Artagnan après tout n'avait pas raisonné autrement. Déjà il songeait au journalisme, ce refuge des indécis. Un coup de fil à François, vers la fin de l'été, lui ôta les derniers regrets. François n'avait reçu de nouvelles de personne. Il ne pensait pas que Laura reviendrait à Aix. Ni Richard — le préféré de Pierre, le chef de la bande.

Il résilia son sursis. On l'envoya jouer au soldat dans l'Est. C'est un jeu comme un autre.

Démobilisé, il « monta » à Paris. Petits boulots. Embauche à *Presse-Matin,* dont le propriétaire, aujourd'hui décédé, avait résisté avec son père dans un maquis périgourdin. Concubinages sans issue, parce que Pierre n'a jamais aimé vivre seul. Sabine enfin, rencontrée sur le bassin d'Arcachon, courtisée dans le train, possédée (?) le soir même, avenue Mozart, dans l'appartement où elle vit encore, épousée quatre mois plus tard à Mézos (Landes), le berceau de sa famille. Les cinq cents hectares de pins résineux de son ex-beau-père avaient sans doute participé à l'éclosion de son sentiment amoureux. Indifférent aux avantages que procure l'argent, Pierre a hérité de ses ancêtres le goût de la propriété foncière, et de François Mauriac l'amour des pins landais. Pourquoi renier ses sources ? Sabine avait continué de travailler à IBM-France (service du personnel). Installation à Bry-sur-Marne, naissance des gamines — et la suite, qui n'a pas toujours été folichonne...

A mesure du temps écoulé, la période aixoise, tel un bateau qui fait naufrage, s'enlisait dans ces sous-sols de la mémoire où l'on descend rarement, parce qu'y règne une humidité préjudiciable aux équilibres psychologiques. Si Jérôme ne l'avait relancé, cinq ans après son arrivée à Paris, suite à un article signé dans *Presse-Matin,* il n'aurait jamais imaginé de revoir un membre de la bande. Avec eux il avait beaucoup rigolé ; il valait mieux s'en tenir là.

Sans doute avait-il tenté de retrouver Laura, pendant son service militaire. A peine une tentative : deux ou trois coups de fil, sans effet, à d'anciens copains qui l'avaient connue. Mettons cela sur le compte de la solitude. Petit soldat largué sur une base lointaine, il s'ennuyait un peu. Ses copains de chambrée échangeaient tous des photos de leurs fiancées. Pierre n'était fiancé à personne ; alors il leur parlait de Laura, en forçant un peu sur la note, moins pour flamber que pour se faire plaisir...

9

Six heures sonnent au clocher de Saint-Nicolas. Le Dr Carcenac consulte dans son cabinet. Muriel s'est absentée en début d'après-midi. Ils se sont juste croisés dans le salon. Le regard de sa femme trahissait une excitation qu'il connaît trop. Dans ces cas-là, elle rentre tard, et il vaut mieux ne pas lui demander pourquoi.

Un homme déjà âgé, accompagné de son épouse, décrit sa hantise du noir, ses insomnies lourdes d'angoisse. Il n'est pas le seul.

Le téléphone sonne. C'est Pierre-Jean Burley, le juge d'instruction. Il a identifié Laura. Elle s'appelle Sternberg, elle habite Ravennes, un village perdu, à trente kilomètres d'Aix. Elle vit seule apparemment, elle travaille dans une entreprise d'Apt qui produit des fruits confits, elle a un fils, âgé de dix-huit ans. Jérôme trouvera son téléphone dans l'annuaire.

— Merci, Pierre-Jean. Qui t'a renseigné ?

— Un flic. Tu veux vraiment la revoir ?

— Je ne sais pas encore.

— Méfie-toi quand même.

— Pourquoi ?

— Parce qu'elle a ton âge...

Jérôme sourit, raccroche. Le client aussitôt reprend le fil de son histoire. Dans son sommeil, quelqu'un vient l'égorger, chaque nuit... Laura tout près d'ici, à peine trente bornes. Laura à portée de téléphone. Six chiffres et sa voix... Je me réveille en sursaut, ma femme... Elle vit seule. Divorcée, mère célibataire ? Doit-on, peut-on envisager le miracle de... J'ai essayé tous les somnifères ; c'est encore le Nuctalon qui...

Le téléphone se remet à sonner. C'est François, plus gouailleur que d'habitude. Pierre est venu chez lui. Ils partent voir l'OM au stade vélodrome — le fameux match contre Limoges, pour la première place. Est-ce que Jérôme veut les rejoindre ? Il refuse sans réfléchir, raccroche, regrette immédiatement. S'il était seul il les rappellerait, leur dirait qu'il a changé d'avis, proposerait qu'après le match ils aillent dîner dans ce restaurant d'Aubagne où, jadis, avec Laura... Peut-être leur avouerait-il qu'il sait où elle habite. Peut-être... Mais le client s'obstine à parler, il tremble à présent, son épouse renchérit...

Jérôme les interrompt presque sèchement. Tous ces gens-là voudraient qu'il se coltine avec leur malheur. Au début, son orgueil y trouvait une pâture. Il les méprisait de se dévêtir moralement. Mépris facile : à poil, ils sont très laids. Facile et peu honorable.

Depuis longtemps, ce faux pouvoir l'écœure et lui pèse. Il a progressivement raccourci la durée des confessions et s'est rabattu sur la chimiothérapie la plus traditionnelle : des calmants pour les excités, des euphorisants pour les tristes, des somnifères pour les nuits blanches. A présent, dans les congrès, il récuse l'antipsychiatrie, les théories centrées sur le langage, Lacan et ses disciples (que Muriel affecte de lire). Pour un peu, il nierait l'existence de l'inconscient ; déjà il doute que le sexe explique les pulsions, fait taire ses malades s'ils abordent les sujets d'alcôve. La vérité oblige à dire qu'ils ne s'en portent pas plus mal.

Le couple a quitté le bureau, le client suivant n'est pas encore introduit. Il peut téléphoner. A François ou à Laura ? Il allume une cigarette. Sa main tremble. L'émotion, le Glenfiddish ? Laura... François... Deux pôles d'une même aspiration extrêmement vague, deux façons probablement illusoires d'oublier une épouse avariée, un métier surévalué, une existence dilapidée sans plaisir, sans excuse, sans rien.

La descente à Marseille le tente. Surtout,

l'idée que Pierre et François y partent sans lui le gêne et l'inquiète. Ils vont sûrement rire à ses dépens. Jalousie proche de la haine. Solitude honteuse. Laura Sternberg, sors-moi par pitié de cette mélasse ! Tu savais si bien m'écouter. Souviens-toi, Laura, j'avais osé te parler de mon enfance — l'auberge de Sainte-Hélène, ma sœur qui m'a plaqué, ma chambre pas chauffée, le manque de fric. Même ma mère... A part toi, personne. C'est drôle, ce village immobile et gris, où il pleuvait toujours, j'ai presque envie de le revoir. Le cimetière jouxte l'église, à flanc de colline. Ma mère y a rejoint ma sœur, il y a cinq ans, nous n'étions pas nombreux aux obsèques, je n'avais pas voulu de Muriel et des siens. Mon père pleurait, le vent hurlait dans la vallée ; c'était triste. Il attend son tour dans une maison de retraite. Je vais le saluer deux fois par an et je lui envoie de l'argent. Sais-tu, Laura, que le jour de mon mariage, j'ai eu honte de mes parents, parce qu'ils avaient de l'accent et qu'ils étaient mal habillés ? C'est moche. Laura Sternberg, tu comprenais ces choses, tu voulais connaître le village. Nous pourrions y aller, toi et moi, tu ne risquerais rien, j'ai besoin d'une amie, pas d'une maîtresse. Pour les histoires de lit, j'ai déjà donné...

Il écrase sa cigarette, consulte sa montre. Pierre et François sont déjà sur la route. S'ils savaient... Il prend l'annuaire, cherche à Ravennes et compose les six chiffres...

Après avoir quitté Mazergues, Pierre a retrouvé la maison à deux étages qu'il avait habitée dès son arrivée à Aix, dans une impasse qui donne sur la rue Riquier et bute sur les anciennes fortifications. On l'a repeinte en rose clair, mais le balcon attenant à sa chambre est rouillé. Les volets sont clos.

Il a sonné, une femme âgée s'est présentée.

— Pierre Merlaud habite toujours ici ?

— Connais pas. Il y a longtemps ?

— Presque vingt ans.

— Je n'étais pas ici.

Elle ajoute, pour dire quelque chose :

— Il est peut-être mort.

— Justement, je voudrais le ressusciter.

La vieille referme la porte en grommelant une insanité. Pierre s'éloigne en sifflant, regagne le centre en léchant les boutiques. Des gens rentrent chez eux, d'autres s'installent aux terrasses. Ce crépuscule est comme une aube, il retourne le sablier des illusions. L'espoir se met à couler, grain par grain.

Place des Prêcheurs. Passage Agard. Cours Mirabeau. Le chauffeur de taxi est volubile, mais Pierre ne l'écoute pas, il regarde le soleil disparaître derrière des collines blanches, en chantant des airs de sa jeunesse. Pas forcément sa jeunesse aixoise, ses vacances en Angleterre reviennent à la surface, et même un séjour en Allemagne, lointain séjour, il avait dix-sept ans, c'était à Freiburg, pendant les congés de Noël, la neige tombait sur la ville, à gros flocons, on entendait *Day Tripper* dans tous les jukes, ainsi que *Devil in Disguise* et l'adagio d'Albinoni. Sa petite amie s'appelait Eva ; elle ne lui accordait que les faveurs préliminaires. Mystérieusement, cet épisode germanique, auquel il n'a jamais repensé, rejoint les péripéties provençales et britanniques ; une même tendresse les enveloppe, les âges de sa vie s'y emmêlent, Laura rime avec Eva, Linda et quelques autres...

Salon-de-Provence, ville quelconque. Le pavillon de François, dans un lotissement quelconque — une de ces « résidences » où crèchent les prolos sortis du rang, les chefs de service sans secrétaire, les cadres du privé encore verts, les sous-officiers de la base.

Trop tard pour repartir : le taxi a déjà filé. Il sonne. François n'a pas rajeuni : enrobé, amolli, presque chauve. Il porte toujours de grosses lunettes, et son sourire est aussi large qu'avant. Davantage qu'un sourire : une porte qui s'ouvre. Mais sur quoi ?

— Chaque fois que je regarde l'équipe de France à la télé, j'espère te voir au poste de libéro. C'était bien ton préféré ?

— Oui. Trésor m'a doublé. Chaque fois que je rentre dans une librairie, je demande ton dernier livre. On me répond qu'il n'en existe pas.

— J'ai peur de la gloire. Mon œuvre sera posthume.

Ils rient, bêtement, sans effort. Le salon est quelconque, comme la villa, comme le lotissement. Des livres sur des étagères. Au mur des croûtes figuratives : un village provençal, un paysan penché sur la terre. Deux affiches d'Amnesty International, une reproduction de Folon. Assise sur un divan, une jeune fille brune, coiffée court, la poitrine autoritaire, les hanches serties dans un pantalon rouge, un visage mutin, un air de lascivité peut-être innocent, peut-être pas.

— Je crois que ta fille aînée a le même âge que Marion...

Pierre se serait passé de ce rappel aux réalités d'état civil. Pour retenir l'attention de Marion, il se sent capable de dire des bêtises. Elle est bouleversante, et tant de barrières ont déjà sauté aujourd'hui.

L'épouse agrégée se présente, sans chaleur. Elle ressemble vaguement à Sabine. Agrégées ou pas, beaucoup d'épouses ressemblent à Sabine. La bouteille de pastis posée sur la table, les amuse-gueule servis, elle se retire pour « travailler ». Marion sort également. François n'aurait pas dû faire allusion à Laetitia. Marion pense sans doute que tous les pères se ressemblent.

Premier pastis : lieux communs sur l'éducation des jeunes filles. Il faut éviter le double écueil de la répression et du copinage. L'autre écueil — la mère —, aucun des deux n'ose le nommer, car la porte du salon est restée entrouverte.

— Comment tu as trouvé Jérôme ?

— Pas très épanoui. Les rapports conjugaux m'ont paru agités.

— Elle couche avec n'importe qui, pour faire genre. Sa mère était pire. Jérôme est dans un drôle de merdier. Deux fois par an, il m'appelle, on déjeune ensemble. Avec moi il oublie le reste. Tu sais, il frime sans y croire. Il s'est jugé...

— Tout ça n'est pas d'une gaieté folle.

— Pas vraiment. Et toi ?

Pierre sourit :

— Rien à signaler. Marié, divorcé, deux filles. Je concubine.

— Et le journalisme ?

— C'est un métier.

— L'affaire Cristofini ?

— Une histoire de pognon et de jalousie. Surtout de pognon.

— Tu vas la politiser ?

— Juste un peu. On me paie pour ça. Et toi ?

François regarde vers le corridor, lève l'index, le pose sur ses lèvres, soupire comiquement :

— Destinée moyenne. Une femme, une fille, seize heures de cours par semaine.

— Ton métier te passionne ?

— Pas le moins du monde.

— Tu écris toujours ?

— Presque plus. Des vers érotiques, pour faire râler ma femme...

Il ressert le pastis, généreusement, non sans surveiller la porte. C'est attendrissant et drôle. C'est François la malice. Ils boivent. Pierre se sent bien. Son épouse devant assister à une réunion, François suggère qu'ils dînent en garçons sur le pouce, dans une pizzeria du quartier. Sur le pouce car il doit, vers 21 heures, faire acte de présence à une exposition de photos (« Des artistes locaux qui prennent la Sainte-Victoire sous tous les angles, tu vois le genre ! »). Pierre voit le genre. Il propose quelque chose de plus marrant : foncer à Marseille pour voir le match. Il a lu dans *Le Provençal* que des places étaient disponibles.

François trouve l'idée séduisante. Une soirée au stade vélodrome, comme avant, avec Pierre, qui lui donne l'impression (rassurante) d'être resté un solide glandeur. Limoges joue au complet ; l'OM aussi. Pourvu que les Marseillais gagnent. S'ils remontent, il prendra une carte d'abonnement, tant pis si Marie-Claude...

— Gé-nial, dit-il, en se retournant vers la porte. Et d'ajouter, avec une détermination enfantine :

— Il va falloir s'imposer. Ici, je joue à l'extérieur...

C'est-à-dire sur le terrain de l'épouse. Rires

que le pastis rend presque audacieux. Pierre suggère une tactique :

— Marque le premier et bétonne ; c'est la solution sur terrain adverse.

Nouveaux rires. François hausse le col, fronce le sourcil, serre les poings.

— Exact. Marie-Claude !...

Court silence. François fourbit son argumentation. Son épouse arrive, les dévisage ; son regard dérive vers la bouteille de pastis. Le premier quart d'heure s'annonce difficile :

— Chérie, il y a un match exceptionnel, ce soir, au vélodrome. Pierre a des billets et il voudrait que je l'accompagne...

— Impossible. Tu as promis d'assister à la soirée du club photo.

— J'irai voir leur exposition demain...

— Comme tu veux...

Elle quitte la pièce. A peine la porte refermée, François remplit les verres en affichant une moue de triomphe. *Hombre,* murmure-t-il. Pierre éclate de rire. Dans l'euphorie de sa victoire, François n'a pas remarqué que Marie-Claude a lâché le morceau sans contrepartie. D'ordinaire, les soirées de liberté se paient, et c'est elle qui fixe les barèmes. Tarif moyen après 9 heures du soir : sa présence à la tombola des écoles laïques, ou au diaporama du centre culturel. C'est cher. Il sort son portefeuille, en vérifie le contenu. Nouvelle moue altière :

— Pas besoin de tenter un nouvel assaut pour le chéquier ; j'ai fait le plein hier...

La comédie devient burlesque. Re-pastis. Deux étudiants peu sérieux fomentent un canular dans le dos de leur prof.

Marie-Claude va partir pour sa réunion. Elle salue Pierre poliment, sans plus. Le dernier regard qu'elle lance à François rappelle à Pierre ceux de Sabine, vers la fin, lorsqu'il enfilait son manteau pour filer au Parc des Princes. La portière de sa voiture ayant claqué, François se précipite sur le téléphone :

— J'appelle Jérôme ; on ne sait jamais...

10

Cette épouse agrégée, désexuée et responsable, il faut la comprendre. C'est la fille d'un petit postier de l'Auvergne la moins riante et d'une femme qui n'a jamais pu travailler, à cause de sa santé. Enfance à Thiers (Puy-de-Dôme). Les HLM y sont peut-être plus lugubres qu'ailleurs, et le soleil s'y montre rarement. Puis la famille (six enfants) a émigré à Marignane, après une escale à Montferrand. Petite fille sage par inclination, studieuse par nécessité, appliquée faute d'ouverture, éclose dans la mystique du diplôme qui beurre les épinards, Marie-Claude s'est retrouvée à dix-sept ans titulaire d'un baccalauréat (mention bien) et d'une virginité qui ne lui a rien coûté.

Boursière à la fac, elle a voulu mettre le privilège de son savoir au service de la « classe ouvrière ». Au moment où son père, promu responsable d'une officine postale modeste, s'éloignait de la CGT, accédait à la propriété d'un préfabriqué (prêt bonifié à vingt-cinq ans) et ambitionnait la télévision couleurs, elle s'est « engagée » : UEC (plus tard PS), Viêt-nam, Chili, Larzac, Malville, MLF, minorités culturelles, Action laïque. Autant de passages cloutés, pour une conscience redoutablement « sincère », qui n'a jamais su s'éloigner des itinéraires fléchés par le conformisme.

Lettres supérieures, échec d'un point à Sèvres, licence, maîtrise (sur Rosa Luxemburg), CAPES (au premier coup), agrégation (au second). Tout cela sans allégresse, et l'ayant fanée avant l'âge. L'amour selon sa norme était un luxe pour les riches ; la sexualité, un article du credo féministe. Le plus périlleux, le moins drôle. Pauvre Marie-Claude, acculée pour contenter la morale à accueillir sur son ventre sans bronzage des gesticulations qu'une morale plus intime réprouvait sans l'oser dire ! Par bonheur, la maladresse de François y mit un terme. Après la naissance de Marion, les étreintes se firent épisodiques. Puis cessèrent, sauf pendant les vacances. Elle ne s'en plaint pas. Elle ne se plaint de rien, mais elle se pose des questions. L'univers douillet des références militantes s'est désagrégé. C'est dur de voir les ex-maos reconvertis dans l'éloge des libertés bourgeoises, les féministes plus ou moins repenties faire des enfants à quarante ans, les anciens des comités Viêt-nam exiger des fusées yankees sur le sol ouest-allemand. « Yankee, no, no, no » : le refrain est passé de mode. Les nouveaux messies de la presse de gauche sont californiens, les curés se convertissent au socialisme et les écrivains collabos font l'objet de réhabilitations sournoises tandis que Jérôme, le symbole de l'adversaire de classe — oui, Jérôme, l'ami de François, Jérôme Carcenac et sa Porsche, sa villa à Ramatuelle —, Jérôme a été désigné candidat unique de la gauche, aux dernières cantonales, contre un professeur de CEG membre du RPR dont le père — c'est un comble — exerce la profession de postier, au même indice que le sien...

Pauvre, pauvre Marie-Claude ! Sous le maquillage de l'anarchisme moral, Marion affiche pour le chic bourgeois des appétences vestimentaires qui coûtent cher et ne présagent politiquement rien de bon. Son père lui passe ses caprices, par lâcheté, croit-elle.

Avec le recul, elle se persuade de l'avoir « aimé ». Les guillemets ici s'imposent. Il faut choisir d'aimer un être, ou de militer pour le bonheur de l'humanité. Mais enfin il faut bien, aux approches de la quarantaine, mythifier quelque chose de son passé composé.

Comme ses amies divorcent toutes, elle a envisagé cette issue-là. Comme elle est sincère, il a fallu admettre qu'elle ne pourrait plus vivre sans François, sans la maison, sans l'aisance médiocre que la peur ancestrale de « manquer » a rendue indispensable. Si elle milite encore, c'est pour se désennuyer — et aussi, soyons équitables, par fidélité à sa jeunesse. Des classiques du marxisme-léninisme au catalogue de La Redoute, la filiation idéologique va presque de soi. D'ailleurs, François n'y voit aucun inconvénient. Il bouquine, regarde des matches à la télé, publie des poèmes dont la licence la choque. Une immaturité pathologique l'isole, qui est encore un luxe bourgeois, qu'elle n'est pas capable d'envier, sur laquelle on ne trouve aucune prise.

Ce soir, il a renoué avec un ami de la fac, un journaliste qui reluquait Marion. Il l'a connu avant elle, à Sciences-po, en même temps que Jérôme sans doute. Sciences-po, carrefour des privilégiés... Ils vont boire, dépenser de l'argent (elle sait que François a retiré du liquide). Ils vont retrouver des filles, peut-être. Car François la trompe, forcément, les démons noirs de la sexualité n'épargnent aucun homme, tous les livres, toutes les revues, tous les propos entendus en salle des professeurs en témoignent. On n'y peut rien. A la limite, peu lui chaut. Ce qu'elle redoute ce soir, en se rendant au meeting du Mouvement pour la paix, avec une collègue dont le mari est parti lui aussi voir le match à

Marseille, c'est un autre démon, auquel François succombera tôt ou tard : l'appel imprécis d'un ailleurs qu'on devine dans ses poèmes, qu'on percevait dans ses romans, qui sommeille en lui, que n'importe quoi peut réveiller. Ce type de Paris, par exemple. Même Jérôme. Lorsqu'il revient de leurs déjeuners de garçons, François se montre plus absent, plus neutre. Est-ce qu'un soir comme celui-ci, Marie-Claude en rentrant trouvera sur la table une lettre d'adieu ? Il l'a écrite à l'avance, dans le premier de ses romans, elle la connaît par cœur. Voilà la source unique de sa terreur — et François ne s'est jamais aperçu qu'il dispose de cette arme...

Dans la nuit claire, sur l'autoroute qui danse entre les collines, Pierre et François chantent à tue-tête. Plus précisément, Pierre chante (faux), François se charge de l'accompagnement à la guitare. *Are you Lonesome To-night...*

— Richard, tu l'as jamais revu ?

— Jamais. Un an ou deux après ton départ, un copain m'a signalé sa présence à Paris. J'aimerais savoir ce qu'il est devenu.

— Moi aussi... Mais pas pour retrouver — enfin, pas s'il ressemble à Jérôme.

— Ça s'est vraiment mal passé entre vous ?

— Rien ne s'est passé ; ça t'étonne ?

François ne répond pas. Il préférerait que

Pierre juge Jérôme moins abruptement. Il comprend sa déception ; il comprend tout aussi bien pourquoi Jérôme n'a pas pu se livrer. Pas pu ou pas su. Aucun malentendu à ses yeux n'est irrémédiable.

— Richard... Tu te rappelles ses histoires d'Arizona. Tu crois qu'il y était vraiment allé ?

— Bien sûr que non. Il voyageait en chambre, comme nous. Simplement, sa chambre était plus vaste que la nôtre.

— Je paierais cher pour apprendre qu'il a ramassé un million de dollars là-bas... ou vingt ans de tôle.

— Les miracles sont rares. Et Laura ?

— Disparue dans la nature, en même temps que toi. Je crois l'avoir aperçue, un jour, à l'entrée de l'autoroute d'Aix. J'ai dû me tromper.

— Il y a longtemps ?

— A peine un an. C'est vrai, tu étais un peu amoureux d'elle.

— Un peu...

Ils rient. L'absence de Laura s'installe dans la voiture.

— Jérôme aussi. Moi aussi, au bout du compte.

— Et Richard ?

— Sûrement pas ; on s'en serait aperçus. Il pensait trop aux entraîneuses des tripots de Macao pour s'intéresser à une simple étudiante.

Simple étudiante ? Laura n'étudiait pas vraiment. Elle dessinait en cours, effeuillait les livres en affirmant n'y rien comprendre, prêtait ses polycopiés et ne les réclamait jamais. On ne savait pas pourquoi elle s'était inscrite en lettres plutôt qu'en sciences, en histoire de l'art plutôt qu'en droit. Elle avait redoublé sa seconde année de Sciences-po, exploit inhabituel, surtout à Aix-en-Provence. C'était devenu un jeu de lui demander, par exemple, quel pays gouvernait Disraeli, et en quelle époque. Elle mélangeait les lieux, les âges, les personnages et leurs idées. Sa raison d'être universitaire n'allait pas de soi.

Pierre avoue à François sa démarche pour retrouver la trace de Laura, en la présentant comme un jeu, ce qui n'est pas faux. François s'emballe, parle de Jaffieu. Il le verra demain, lui demandera des précisions. Laura ne peut plus leur échapper...

La banlieue nord de Marseille. Ils chantent encore, arrivent au stade vélodrome. Impatience fiévreuse d'avant les matches. Là-bas, sous les sunlights, la foule s'exaspère, trompe sa hargne en sifflant les joueurs de Limoges annoncés au micro. Odeurs de frites et de brochettes. Des gens courent, d'autres gueulent devant les guichets. On pense avec émotion aux gladiateurs qui piétinent dans les vestiaires. On craint d'être à la bourre, on conspue les resquilleurs, on se hâte. Puis on découvre l'arène illuminée, ouverte sur le ciel noir, on s'installe en se demandant si son voisin de travée est pour Marseille ou pour Limoges.

Combien de fois, dans ce temple de la frénésie méridionale, la bande au complet, abordant dans la deux-chevaux de Pierre, décapotée s'il faisait beau... Laura aimait se tenir debout à l'arrière ; le vent plaquait son pull sur un corps souple, une poitrine généreuse avec modestie ; ses cheveux dénoués figuraient l'étendard de quelque révolte gaie.

Elle n'y connaissait rien, applaudissait hors de propos, criait « A bas Marseille ! » en riant à perte d'haleine — parce que chez elle, à Nice (chez elle ?), le Marseillais est l'ennemi juré. Jérôme aussi était contre Marseille. Il était contre tout. A la mi-temps, on se cotisait pour s'offrir des merguez et de la bière en boîte — comme aux USA, précisait Richard ; et il décrivait un match de football américain, avec des détails précis, comme savent le faire les menteurs invétérés. Les Raiders de Los Angeles menaient largement. Smith, de l'Alabama, un Noir de cent vingt kilos, récupère le ballon, traverse la défense. Il fallait voir la gueule des supporters de L.A. (il disait L.A., en familier du patois californien)...

... Première mi-temps à l'avantage de l'OM, qui se crée des occasions. Mais dominer n'est pas gagner, comme disent les confrères sportifs de Pierre, qu'il envie souvent, surtout en période de rentrée romanesque. Le public s'énerve, parce que Limoges bétonne habilement — un peu comme François, tout à l'heure, avec son épouse. Deux gosses exaltés hurlent :

— Vas-y, Ben Saïd, durcis le jeu ; ces Provençaux sont des chèvres !

François se tourne vers Pierre, relève ses lunettes, se donne un air offensé :

— Monsieur, vous insultez mes compatriotes.

— Monsieur, je ne vous parle pas.

— Moi, je vous cause...

François force sur l'accent, dont il a juste gardé un soupçon, serre les poings :

— Allez, l'OM. Les barbares à la mer !

— Monsieur, je suis limousin de vieille souche.

— Ça se voit...

Ricanements sur les sièges voisins. C'est bien la première fois que Pierre mobilise l'ascendance corrézienne de sa mère.

Mi-temps. Ils renouent avec la tradition des merguez et de la bière. En boîte, comme aux USA. Par comparaison, ils se sentent riches ; François s'offre des cacahuètes grillées ; Pierre, un cornet de frites. C'était un luxe abordable seulement les premiers jours du mois, ou lorsqu'une bourse tombait du ciel.

Ils bâfrent, se rassoient, recommencent à crier. Deux gosses heureux — avec cette sourde angoisse qui monte, vers le milieu de la seconde mi-temps, parce que le bonheur ne va pas durer. Dans un quart d'heure — vingt minutes avec les arrêts de jeu — l'arbitre sifflera, la magie cessera, la réalité ôtera son habit de lumière. On n'est jamais pressé de la revoir en tenue de ville...

La rencontre s'achève sur un score de parité, qui laisse le public indécis, frustré. La virilité de l'arbitre fait l'objet de commentaires désobligeants. Pierre et François quittent le stade en faisant semblant de s'engueuler. Ce thème de la virilité est inusable. Celle des Provençaux, selon Pierre, laisse à désirer; celle des Limousins, à en croire François, ne s'épanouit que dans la bestialité, à l'image du football rugueux du FC Limoges. Autour d'eux, les gens rigolent, espèrent l'aubaine d'une vraie bagarre...

L'autoroute, en sens contraire. Mélancolie des retours, silencieuse et poignante. Pour l'apprivoiser, ils chantent *Nights in White Satin*, puis *The Young Ones*. C'est tout simple : ils n'ont pas envie de se quitter et ils n'osent pas se le dire. Pierre s'y résout :

— Si on allait bouffer quelque part ?

— Impossible. Ma femme...

— Tu lui téléphones...

Fausse hésitation de François, dont la décision est déjà prise. Avec un ami et quelques pastis, les épouses paraissent moins redoutables.

— OK. Je m'arrête à la prochaine cabine...

Dont acte. Par chance, Marie-Claude n'est pas encore revenue de sa réunion. Marion écoute des cassettes avec son « copain » :

— Je dîne avec mon ami. Préviens maman, je rentrerai un peu tard.

— Ton ami journaliste ? Il n'a pas l'air marrant.

— Tu te trompes, ma fille. Fous ton copain dehors à 11 heures.

— Bien obligée ; maman s'en chargera. Amuse-toi bien...

Finie la mélancolie. Ils quittent la nationale à Vitrolles, s'engagent sur une route tortueuse, d'où s'aperçoivent en contrebas les lumières des raffineries de Berre. Dans le patelin où ils s'arrêtent, François connaît un bistrot où l'on peut dîner tard. La nuit grésille ; un croissant de lune, au-dessus de l'étang, disparaît derrière un gros nuage.

Ils s'installent au comptoir. Pastis. Ils jouent la tournée au flipper. Pierre la perd. Revanche. Il perd, paie la seconde tournée. Ivresse. Penché sur le juke, Pierre constate bruyamment la présence de chansons qui lui sont familières. La musique de leurs vingt ans revient à la mode, pour diverses raisons qu'ils n'ont pas le courage d'élucider. *Crazy Love,* de Paul Anka. Ils écoutent religieusement, en mangeant des cacahuètes salées, qui soulignent la saveur du pastis et attisent leur soif. Tournée du patron, un ami du père de François. La diaspora des limonadiers se serre les coudes. En période de grande fauche, il leur était arrivé d'en profiter.

A table, ils commémorent les moments de grande épopée. Le jour où Jérôme avait « emprunté » une Jaguar décapotable (choix révélateur). Le jour où François, ivre mort, avait pissé sur la statue du roi René, sur les coups de midi et sous le nez d'un flic. Et ce grand barbu (droit ou lettres ?) provoqué en duel par Richard. Toujours ses emprunts à Dumas. Les trois amis avaient été convoqués au parc Jourdan, en qualité de seconds, mais le barbu n'en avait pas. On les avait séparés après quelques marrons, l'heure de l'apéro avait sonné, le barbu s'était révélé buveur émérite. Ils avaient fini la soirée ensemble, avec Laura qui était saoule aussi, dans une boîte de nuit, Le Moulin ou Le Mistral. Et la couleuvre de François, la fausse alerte à la bombe déclenchée par un coup de fil de Pierre au rectorat. « Les Fenouillères sauteront à minuit. » Et cette revue qui aurait dû paraître...

— *Les Conquérants :* c'était un beau titre.

— On s'était séparés trop vite ; toi le premier.

— Tu es gonflé. Je t'ai appelé de Bordeaux, l'été de mon diplôme. Si tu ne m'avais pas découragé, je serais revenu à Aix.

— C'était foutu quand même. Laura s'était tirée avant Noël, on avait perdu Richard de vue. Jérôme bossait sa médecine comme un dingue. Il a connu Muriel peu après.

— Tant pis pour nous...

Ils commandent une autre bouteille. Des vannes s'ouvrent, le regret s'y précipite. François raconte sa vie, sur le mode de l'humour noir, en commençant par ses vacances au Garn, dans le Gard, le berceau de sa famille, et en terminant par Marie-Claude.

— Tu aurais dû divorcer.

— Il y avait Marion. Et puis le retard sur Rimbaud n'était plus rattrapable. Surtout seul : à cinq, tout était possible...

— J'ai pensé la même chose...

François raconte une autre vie — la sienne — qui ressemble à celle de Pierre, aux apparences près. Vies ratées ? Ils le croient, parce qu'ils sont ivres. Vies moyennes, au bout du compte, avec des bonheurs sans suite, des peines qui s'oublient, ou bien qui s'apprivoisent. Reste que les « Conquérants » n'ont forcé nulle citadelle. C'est peut-être leur génération qui voulait ça. Dans ce verger périphérique — l'Europe de l'Ouest — les enfants du *baby-boom* se sont vu assigner un horizon borné et circulaire, en forme de nombril. Alors ils ont tourné autour...

11

Minuit chez Jérôme, qui poursuit devant son flacon de Glenfiddish un monologue incohérent. Muriel n'est pas rentrée. C'est fâcheux pour l'amour-propre, mais Laura l'a invité à prendre un verre chez elle, demain, et il se sent invulnérable. Pierre et François perdent leur temps ensemble. Sans elle, la bande ne signifie rien.

Elle a dit : « Jérôme, il y a si longtemps », il a bredouillé un mensonge, pour justifier le coup de fil. Un ami commun qui l'aurait renseigné. Elle a ajouté : « J'ai du monde ce soir, mais viens demain, vers 18 heures, on se racontera des choses. » Il a dit : « Merci Laura » sottement, elle a répondu : « Je t'embrasse. » Avec ou sans accent étranger ? Au téléphone, le timbre des voix sonne toujours faux. Celle de Laura, dans sa mémoire, était plus grêle...

Depuis, il s'abrutit à force d'interpréter les

termes de l'échange téléphonique. « Il y a si longtemps. » Regret ou constatation ? « J'ai du monde. » De la famille, des amis, un concubin ou un amant ? La jalousie le brûle. Cet amant, ces amis, il les hait, comme il n'a jamais pu haïr Muriel, même lorsqu'elle rentre tard. « On se racontera des choses. » Est-ce à dire qu'ils remémoreront les rares étreintes, les aveux lâchés (par lui) comme une bouteille à la mer, la tendresse cueillie (par lui) sur le fil de l'instant ? Ou bien songeait-elle à la bande ? Jalousie. Ne pas lui dire que Pierre est revenu à Aix, qu'il a retrouvé François, qu'ils sont partis s'amuser à Marseille, comme autrefois. A moins qu'elle veuille, tout simplement, lui raconter sa vie, comme ses clients, et s'informer de la sienne, qui ne mérite pas le détour.

« Je t'embrasse. » En copine, en tendre copine ? En femme d'aujourd'hui, qui « embrasse » au téléphone, pour clore un entretien ? Muriel embrasse téléphoniquement n'importe qui, homme ou femme. Inflation verbale : comme psychiatre, il est placé pour le savoir...

Du bruit dans le couloir. Muriel vient de rentrer. Ivre. Très ivre. Ote sa veste, se laisse tomber dans un fauteuil, le défie silencieusement, allume une cigarette.

— Tu as revu ton type ?

Voix éraillée, moue d'écœurement aux lèvres.

— Quel type ?

— Le journaliste. Ton ancien ami.

— Pourquoi ancien ?

— Parce qu'il t'a jugé, petit toubib de la province éternelle. Il nous a jugés...

Silence épais. Elle écrase sa cigarette, en allume une autre. Pourquoi convoquer Pierre ? Et pourquoi cette haine ? Il pense à Laura, voudrait éviter un drame dont il connaît le scénario, aux mots près. Mais comment ? Muriel a bu, elle va lâcher son fiel, c'est une question de minutes, peut-être de secondes. Autant hâter l'échéance.

Il s'arme d'un sombre courage :

— D'où viens-tu ?

— Réunion paroissiale, mon chéri.

Il se lève. Oubliée, Laura. Il répète, en serrant les lèvres :

— D'où viens-tu ?

— Ça te regarde ? Tu te crois en Lozère ? Qui est chez soi ici ? Qui a payé l'appartement, la clientèle, le...

Elle va hurler ; il l'interrompt :

— Ton connard de père. Il a payé aussi la fin de mes études, le studio à Crans, la moitié de la maison de Ramatuelle, ma campagne électorale. Il aurait même payé le berceau, si tu avais...

Les autres fois, il attendait qu'elle aborde le

sujet. Elle se lève péniblement, le dévisage, saisit son verre, le lance dans sa direction, manque sa cible. Le verre s'écrase sur la table basse. Jérôme s'approche, leurs visages se touchent presque. Il la gifle. Elle encaisse, le gifle à son tour en disant : « Ordure ! » puis s'affale sur le divan. Sanglots. Tristes sanglots de petite fille trop riche.

L'un derrière l'autre, ils vont dans la chambre, se déshabillent avec les gestes gauches de l'ivresse — et Jérôme, comme d'habitude, caresse en douceur le corps de sa femme, assez misérablement tripoté tout à l'heure par un animateur plus ou moins pédéraste — et con — qui sentait la transpiration.

Muriel s'endort. Le sommeil est son refuge ; à l'aube, elle ne se souvient de rien. Jérôme n'a pas cette chance. Par deux fois il se réveillera en nage : le sabotier de Sainte-Hélène, dans la cuisine de l'auberge, soutire à Laura des gémissements obscènes...

Étendu sur son lit, Pierre accuse une panne sèche d'identité. Sèche et bienheureuse. Il doit être 3 heures du matin. Il sait fort bien où il se trouve — Hôtel des Anglais, dans la rue Esparrat —, mais la copine rousse du lycée Montaigne n'est plus à ses côtés. Elle a dû rentrer à Bordeaux... Ce grand Noir qui dribblait si bien les défenseurs de Limoges, était-ce Keita ou Boubacar ? Skoblar ne jouait pas (blessure ?), il manquait aussi Laura (partie chez sa mère à Limoges ?), Jérôme (un cours à bûcher ?) et Richard (chasse au guépard en Somalie ?). Il faudra qu'on se réunisse au plus vite, pour la revue, l'idée lui est venue d'un article rigolo, sur la sexualité comparée des Limousins et des Provençaux. Il est tout de même limousin par sa mère. Pas question de transiger avec l'honneur de Pompadour. François n'était pas équitable...

Ils se revoient demain, François et lui, à 16 heures, sur le cours Mirabeau, pour l'apéro des adieux. Ils ont calculé large : le train ne quitte Marseille qu'à 22 heures et quelques minutes. Car François le conduira à la gare Saint-Charles, il l'a promis tout à l'heure. François la malice, chauve comme un flan, amoureux de Laura...

En rentrant, le veilleur de nuit lui a tendu un message, téléphoné à l'heure du repas. Une signature : *Lascaux.* Quatre mots : *Laura Sternberg, Ravennes, Bouches-du-Rhône.* Merci, commissaire. Il a trouvé le numéro dans l'annuaire et il a failli appeler François sur-le-champ. Il a renoncé, à cause de l'épouse. Demain... Pas géniale, l'épouse de François. Sabine moins la classe, et moins les hectares de pins. Marion, par contre — mais on ne touche pas la fille d'un ami, c'est un principe. Il en faut quelques-uns...

Il s'endort brutalement, se réveille en sursaut au petit matin, pour réviser un cours de droit constitutionnel. Mazergues risque de l'interroger tout à l'heure...

François a ramené Pierre à son hôtel, et s'est offert une pointe à 140 sur l'autoroute, en chantant *Crazy Love.* Il faudra penser demain à acheter le disque, si on le trouve encore. Cette chanson résume le jeu compliqué des sentiments qui le submergent depuis tout à l'heure : un peu d'espoir noyé dans des regrets. Un halo sur l'horizon, presque invisible. Une voix presque inaudible, qui implore...

En rentrant la voiture au garage, il a éraflé le portail. Tant pis si Marie-Claude s'en aperçoit. Puis il s'est déshabillé dans le noir et s'est coulé bruyamment dans le lit, en oubliant d'enfiler son pyjama...

Marie-Claude ne dort pas. Elle l'a entendu claquer la porte, monter l'escalier à pas irréguliers. Il a bu. Lorsqu'ils terminaient leurs études, il arrivait que François rentre ivre. Pas souvent — et jamais après la naissance de Marion. Combien a-t-il dépensé dans la soirée ? Elle le connaît, au restaurant il aura voulu régler la note, et ils n'auront pas choisi le menu touristique. Surtout, faire semblant de dormir et, demain, ne rien lui reprocher...

... Demain, François retrouvera son complice à Aix, et ils tâcheront de voir Jérôme. Ne pas oublier de demander à Jaffieu le nom de ce village où il a cru apercevoir Laura. Peu de chances, en vérité : Jaffieu l'aura prise pour une autre. On change, en vingt ans. Si elle vivait dans le pays, ils auraient fini par se croiser quelque part. Ou Jérôme, qui voit beaucoup de monde, en aurait entendu parler. Pourtant, à supposer qu'on la repère, et qu'elle accepte de prendre un verre, quel cadeau d'adieux pour Pierre !

Pas du tout changé, Pierre, sauf le visage qui s'est creusé sous les pommettes, et la voix que le tabac n'a pas arrangée. Toujours rêveur, toujours glandeur. Cette idée de lancer un flic aux trousses de Laura, comme dans les polars américains que Richard lisait dans l'amphi... *Night in White Satin*... Cette amitié oubliée, récupérée au stade vélodrome, célébrée au pastis dans un bistrot de noctambules, quel sujet pour un roman ! Premier chapitre : Pierre débarque en Provence, sans préméditation, pour y faire son boulot (sale boulot, mais on les choisit rarement). Deuxième chapitre : il revoit Jérôme. Échec (provisoire, on arrangera ça en fin de récit). Troisième chapitre : le match à Marseille. Victoire de l'OM par cinq buts à zéro. Le droit du créateur à s'affranchir des réalités homologuées par la FFF est reconnu par les autorités littéraires. Quatrième chapitre : deux amis de toujours s'encanaillent dans un bistrot, écoutent *Crazy Love,* se confient jusqu'à la trame et se découvrent des ressemblances inouïes. Même enfance narcissique, bourgeoise dirait Marie-Claude, avec des grandes vacances à la campagne, dans de vraies demeures de famille, la sienne au Garn, entre les vignes et les chênes-lièges, celle de Pierre dans les verdures corréziennes. Même inclination précoce pour les solitudes buissonnières, à la Byron. Même irrésolution, et même orgueil trop vaste pour être jamais convertible en termes de prestige social. Écrivain, international de foot : autant d'alibis pour s'autoriser à mettre entre parenthèses une existence jugée quotidienne, par conséquent non avenue. Avec la bande, ils ont continué à se prendre pour d'autres. Ensuite leurs rails ont bifurqué — pas tant que ça, puisque aussi bien Pierre écrit ses articles pour vivre, sans plus, et trouve que Marie-Claude ressemble à son ancienne épouse. Est-ce que la femme avec qui il vit ?...

... Marie-Claude se retourne, consulte le réveil. 5 heures du matin. François ne bouge plus. Il sent l'alcool et il ronfle, la tête enfouie sous l'oreiller. S'il posait sans se réveiller une main sur l'épaule de sa femme, comme il lui est arrivé de le faire, elle laisserait la main dériver jusqu'à son ventre et consentirait à la suite. Autant dire que, pour le garder, elle est disposée aux pires sacrifices. Déjà elle a décidé de commander un second chéquier, pour qu'il se sente plus libre. Leur compte étant joint, elle pourra tout de même surveiller l'état des finances. S'il veut prendre une maîtresse, elle la lui concédera, pourvu qu'au CEG les apparences soient sauves. Avec Marion, elle abdiquera — et, s'il le faut vraiment, elle mettra une sourdine à son militantisme...

12

Pierre s'est réveillé tard. Il tire les rideaux, ouvre la fenêtre. Un soleil déjà chaud inonde la pièce. Allégresse un peu pâteuse : jeunesse retrouvée ou pas, il reste qu'à vingt ans un peu de sommeil suffit à solder une cuite. A quarante, il faut de l'aspirine.

Café, douche, radio. Il pleut sur la région parisienne, et les agents de la SNCF menacent de faire la grève. Quelques mouvements de gym pour mettre son corps au diapason du reste. Six chiffres, et Laura... Le numéro ne répond pas. Aucune importance : il n'est plus pressé.

Il appelle Sylvie à son bureau, chez l'éditeur. Elle le trouve euphorique.

— J'ai retrouvé un ami de la fac. Nous sommes allés voir un match à Marseille et puis nous avons fait la fête.

— Tu as l'air heureux ?

— Qu'est-ce que ça veut dire ?
— Rien. Ça ne veut rien dire.
— Je rentrerai dans la nuit, si les trains roulent. Sinon, demain matin.
— Rentre quand tu veux. Je t'attends.
— Tu t'ennuies sans moi ?
Il imagine son sourire.
— Qu'est-ce que ça veut dire ?
— Rien...
Que lui dire d'autre ? Les mots de l'amour, il les a oubliés. Ceux de la tendresse lui sont toujours restés au travers de la gorge. L'épanchement n'est pas une spécialité bordelaise.
— Tu veux que je rentre plus tôt ?
— Je ne veux rien du tout, Pierre. Vouloir, c'est épuisant.
Elle a raison, comme d'habitude. Il dit : « Je t'embrasse » et il raccroche. Léger malaise, que le soleil dissipe. Le soleil doré et tiède du printemps en Provence. Comme convenu avec François, il appelle Jérôme pour lui demander de passer aux Deux G à 5 heures. Jérôme viendra. Il prétend regretter d'avoir manqué la soirée à Marseille.
— Ça s'est fini comment ?
— Dans une gargote, du côté de Vitrolles. Pas mal de nostalgie au menu.
— On remettra ça à trois. J'ai lu ton papier dans *Presse-Matin* ; j'en connais à Aix qui vont faire un museau, à commencer par mon beau-père.

— Ça t'ennuie ?

— Au contraire. Si tu savais...

Savoir quoi ? Jérôme n'a pas précisé.

— Tu rentres quand ?

— Cette nuit, si les trains daignent rouler. François doit m'accompagner à Marseille.

Jérôme hésite :

— Je vous suivrai peut-être. A propos, comment tu as trouvé l'épouse de François ?

— C'est une épouse.

Rires masculins. Jérôme narquois. Le vrai Jérôme :

— Il y a des jours où je me demande... si elle n'est pas pire que la mienne. Et sa fille ?

— Désirable. Trop désirable.

— Toi aussi ?

— Qu'est-ce que tu veux dire ?

— Pas grand-chose. Je l'ai vue trois fois en tout. Si François n'était pas un ami... Tu crois qu'on finira à la sortie des écoles ?

— Je ne sais pas. On ne peut rien exclure. Qu'en disent les traités de psychiatrie ?

Rire de Jérôme :

— Parce que tu crois à la psychiatrie ?

Enfin le vrai Jérôme. Dernier coup de fil à *Presse-Matin.* Faucon a aimé son papier ; il en voudrait un autre — un bilan de l'affaire, les remugles dans le petit monde aixois. Pierre bâcle trois feuillets d'ambiance. C'est facile, toutes les sous-préfectures se ressemblent, il suffit de savoir raconter. Comme le romancier au siècle précédent, le journaliste a vocation d'inventer les choses de la vie, en se référant à des clichés appris sans le savoir, repris par distraction, admis par habitude. Ainsi Pierre invente-t-il, pour la circonstance, un « bourgeois » aixois déstabilisé par l'assassinat de Cristofini. *Bourgeois*: le mot se vend encore; il focalise des tares imaginaires, ou des vertus que les bourgeois d'antan n'ont jamais cultivées. Une génération d'Occidentaux — la sienne — aura perdu vingt ans à pourfendre ce cadavre balzacien, avec des mots outranciers qui ne reflétaient rien d'autre que son propre malaise...

Dernier coup de fil à Lascaux, pour le remercier. Le flic le taquine:

— Méfie-toi, elle est juive.

— Et alors? Tu es antisémite?

— Du tout. Je ne suis même pas anti-arabe. Dans cette région et dans ma corporation, ça déplaît. Mais j'ai failli épouser une juive. Elle me foutait les chambres à gaz sur le dos quand je rentrais un peu tard. Pourtant je suis né en 41.

— Responsabilité collective, mon cher. Tu paies pour tes parents.

— Ils ont résisté.

— Les miens aussi, figure-toi. Ils ont tous résisté, si on les écoute. On se demande comment Hitler...

— Ne te pose pas des questions idiotes. Tu l'as appelée ?

— Ça ne répondait pas.

— Elle travaille dans une boîte, à Apt... Je vais te faire une confidence : tu n'es pas seul à la chercher.

Pierre sursaute :

— Quoi ?

— Quelqu'un d'autre la piste. Je ne sais pas qui, ni pourquoi. Qu'est-ce qu'elle avait de rare, ta rousse ?

— La gaieté.

— Ça se perd en route.

— Pas elle. Enfin, j'espère...

— Tu es complètement cinglé... Au fait, merci pour ton papier. Mes collègues parisiens sont blancs de jalousie.

— Tant mieux. On déjeune ensemble ?...

Ils se sont retrouvés dans le restaurant d'un hôtel qui se tient en retrait de l'autoroute de Lyon. Auparavant, Pierre a acheté une carte de la région, repéré le village de Laura. *Ravennes*: le mot évoque des vestiges, une civilisation qui n'a plus cours. Il s'est souvenu de ce prof de Salon dont François lui a parlé hier soir, et qui avait cru reconnaître Laura. C'est sûrement lui qui cherche à se renseigner, pour le compte de François.

Sans se vautrer dans la confidence, Pierre explique à Lascaux ce que Laura signifie : la fac, la bande, les Conquérants, l'Arizona, les chemins de l'avenir encore ouverts, ou qui paraissaient l'être... Le commissaire comprend immédiatement. Pourtant il n'a jamais connu l'ambiance de la fac, ayant passé son bac et sa licence en droit par l'escalier de service : les cours par correspondance. Pourquoi Lascaux, qui sort du petit peuple (père OS, mère dactylo), qui n'est ni un larbin ni un arriviste, ignore-t-il la haine du bourgeois ? Pierre pose la question ; le flic échoue à y répondre. Il se plaît sur la terre ; à quoi bon haïr ? Nulle hostilité, nul mépris pour les types qu'il envoie en tôle. Nulle complaisance non plus. Le plaisir de la traque. Un précipité de plaisirs et de désagréments : voilà la vie selon Lascaux. Plaisirs : boire frais, manger fin, se rouler sous un drap avec une personne du sexe, sentir le soleil lécher son visage, voir Belmondo, au cinoche, casser la gueule à un truand ou à un flic, c'est la même chose. Désagréments : les chefs qui se prennent pour des intellos, le milieu qui s'abâtardit, les magistrats et leur morgue. Pas tous. Pas Burley...

Il ne se déplaît pas à Aix, mais son travail relève de la routine. C'est une ville d'étudiants et de retraités, fausse par conséquent. Trop de soleil, trop d'accent, trop de bonhomie et trop de touristes. Rien n'y pèse très lourd. Les femmes se méfient de son argot et de ses costards. Paris lui manque. Paris ou la banlieue. Parle-moi d'un bon commissariat sur la ceinture rouge, avec des gamines qui tapinent à treize ans pendant que le frère cadet fait joujou avec le flingue paternel. Tu te vois journaliste à Aix ?

Pierre ne se voit journaliste nulle part. Il admire sans les envier les appétits de Lascaux. Appétits en tout genre : au pousse-café, le commissaire lui raconte sa dernière drague. Une brune, racée, complètement hystéro, femme de médecin, fille d'un ponte aixois qui, entre nous, traîne une sale histoire de fraude fiscale. Des centaines de briques. Elle s'appelle Muriel, et...

Pierre l'interrompt :

— Gérard, tu vas me rendre un dernier service.

— Pour ta rousse ? Tu veux savoir si...

— Non. Pour Muriel.

Lascaux fronce les sourcils :

— Tu es sur le coup ? On la joue au 4-21 ?

— C'est une cinglée, peut-être une malade. Son mari est un ami.

— Je pouvais pas savoir. Pour une fois que je me lançais dans la haute...

— Désolé.

— Il n'y a pas de quoi.

Le sourire de Lascaux ressemble à celui de François. Merci, commissaire. Sous les pavés du cynisme, la plage des bons sentiments, désertée par les malins. Ils s'y promènent en sirotant le dernier pousse-café, se séparent au bord du mélo...

Milieu d'après-midi, à la terrasse des Deux G. Avant de s'y installer pour attendre François et Jérôme, Pierre a marché dans la ville. Il a fini par retrouver l'immeuble où habitait Laura, dans une rue qui s'appelle Fontaine-d'Argent. Rue calme, sans boutiques, où le soleil, à cette heure, n'égaie que les toits. L'immeuble est à deux étages. Il avait embrassé Laura dans le renfoncement voisin, qu'on dirait prévu à cet effet. Embrassé ? Elle ne prêtait que la commissure des lèvres, repoussait les mains si d'aventure elles touchaient les bornes d'une géographie assez précise. « Pierre, je t'en supplie ! » Il obéissait ; ses mains quittaient le doux rivage, elle tirait sur son pull. « Demain ! » murmurait-elle... Pas demain, Laura, tout à l'heure, quand tu seras rentrée à Ravennes. Car il a déjà téléphoné trois fois, vainement, sans s'inquiéter puisque Lascaux lui a dit qu'elle travaillait.

Il a rôdé dans cette rue, piétiné devant l'immeuble, s'est souvenu d'avoir fréquenté avec elle le petit bar qui le contrôle. Des jeunes filles sortaient d'un lycée proche. Il en a suivi deux qui entraient dans le bar, s'est assis à la table voisine. L'une était jolie, l'autre pas. Les statistiques de Lascaux y auraient trouvé leur compte. Elles ont parlé d'un cours séché, d'un jules largué, puis se sont embarquées dans un débat sur le charme de Michael Jackson. Charmes patents selon la belle, inexistants selon la laide. Toujours cette indulgence des privilégiés, cette aigreur des déshérités. L'indulgence de Laura, celle de Lascaux...

Elles se sont aperçues que Pierre les écoutait en souriant, ont sollicité son avis. Il n'avait pas d'avis. Il a failli dire : « De mon temps, Elvis... », en a mesuré le ridicule, a tout de même émis un doute sur la virilité de l'idole nouvelle. Elles ont haussé les épaules. La virilité, elles s'en foutent. C'est une pseudo-vertu inventée par les hommes, à l'apéro, à la guerre ou au stade. La virilité des Limousins...

Il a rappelé Laura de la cabine. Une voix qui paraissait lointaine. La voix de Laura. Trop tard pour raccrocher :

— Laura Sternberg ? C'est Pierre. Pierre Merlaud, tu te souviens ?

— Pierre... Tu as vu Jérôme ?

— Oui... Pourquoi ?

— Il m'a appelée ce matin.

— Je ne savais pas. Je suis à Aix et je... enfin, on m'a filé ton numéro.

Il devine un sourire, en redoute l'ironie. Ce salaud de Jérôme qui...

— J'ai dit à Jérôme de passer à 6 heures. Viens, ça sera drôle.

— J'emmènerai François.

— François Lagarde ? Tu l'as revu aussi ?

— Oui, nous avons passé la soirée d'hier ensemble.

— Je vous attends. Vous saurez trouver Ravennes ?

— Oui... Merci, Laura...

Merci de quoi ? Il raccroche, revient dans la salle. Les deux jeunes filles ont quitté le bar. Il regagne le cours Mirabeau. Amertume. C'était donc Jérôme... Avait-il appelé Laura avant ou après leur entretien du matin ? A moins qu'ils ne se soient revus déjà. Amants, peut-être ? Jalousie proche de la haine. Tristesse. Plus très envie de revoir Laura. Envie d'humilier Jérôme. S'il avait su au moment où Lascaux...

Le décor des Deux G est intact, mais la peinture dorée s'écaille par endroits, le tain des glaces signale un déclin que les toilettes confirment, et au-delà. Des dames bien mises prennent le thé à l'intérieur. C'est attendrissant. Pierre les observe, oublie la voix de Laura, la trahison de Jérôme, l'absurdité de ce séjour qui traîne en longueur. C'est Aix l'enjôleuse et c'est la saison des amours...

Voici François, son visage rond, ses grosses lunettes, son sourire. La cuite a brouillé ses traits. Pierre lui raconte le coup de fil à Laura, la vilenie de Jérôme. François rigole, appelle un serveur, commande un quart Vichy, se ravise. Deux pastis, c'est presque l'heure. Il allait oublier que le Vichy lui ballonne le ventre. Jérôme va arriver. Vont-ils lui dire que Laura les attend, à la même heure ? Non. Ils tâcheront de le précéder, pour jouir de sa surprise à l'arrivée.

— Comment elle a réagi ?

— Comme si on s'était séparés la veille.

— C'est quand même une histoire de fous.

— Je sais. On ne peut plus reculer...

Jérôme se pointe. Sourire ambigu, regard de biais vers l'intérieur de la salle (à cause de Muriel). S'excuse de ne pouvoir accompagner Pierre à Saint-Charles : une visite à l'hôpital. Il ment sans conviction, s'en aperçoit, se persuade que les deux autres imputent sa dérobade à quelque tempête conjugale, en souffre (l'amour-propre), se sent très près de leur avouer que Laura, dans une demi-heure... Très près, mais il n'ose...

Anciens combattants d'une virée qui date de la veille, Pierre et François ressassent la soirée à Marseille. C'est la meilleure façon d'exclure le faux derche. Prodigieux, ce sauvetage de Dusé sur sa ligne ! Et la serveuse du resto, ces cuisses de pur-sang ! En réalité, le tir arrêté par Dusé venait de trop loin, et la serveuse était incomestible, mais Jérôme mérite une leçon. Il la reçoit de plein fouet, voudrait bien mépriser ce prof à

8 000 balles par mois, ce journaliste qu'on ne voit jamais à la télévision. Impossible : ce qu'il va chercher à Ravennes, chez Laura, c'est justement un remède contre le mépris. Il se lève, promet à Pierre de le rappeler sans faute. La prochaine fois que tu viens à Aix...

Pierre et François le laissent s'éloigner, se précipitent vers la voiture de François. Nationale 7 jusqu'à Lambesc ; une route à droite, peu fréquentée. Ils roulent en silence ; par instants Pierre se retourne, pour voir si Jérôme ne les suit pas. Des champs labourés, des vignes. Symphonie en marron, en bleu et en vert foncé — avec, dans le lointain, une ligne de montagnes qui saigne par endroits, comme la Sainte-Victoire. Une forêt sombre ; puis le village s'ouvre sur une vallée baignée de soleil, où coule une rivière argentée... Rue de la Fontaine-d'Argent... Partagé entre l'espoir (mais de quoi ?), la curiosité (Laura, vingt ans après), l'amertume (feu l'amitié de Jérôme), l'angoisse (mais laquelle ?), Pierre regarde un décor qui hésite entre l'austérité et la luxuriance. Nullement angoissé ni amer, François goûte la drôlerie de la situation. A peine se demande-t-il si cette inconnue, qui s'appelle Laura, comme l'autre, et les a invités à prendre un verre, ressemblera un peu, beaucoup, passionnément aux clichés imprécis que sa mémoire, depuis la veille, ne cesse de lui balancer dans la tête...

Un village ocre, juché sur une colline, surmonté d'un clocher rectangulaire. Ravennes. Une place où trône un bâtiment intitulé *Maison commune.* C'est écrit au-dessus de la porte, en grosses lettres rouges. Un chemin qui se rétrécit, une femme âgée qui les renseigne :

— Laura Sternberg ? Continuez, c'est la dernière maison, après la chapelle...

La maison de Laura se détache dans le ciel, assez loin du bourg, derrière une grille un peu penchée et un jardin où poussent des fleurs et des arbustes, anarchiquement. Maison presque carrée, sans âge, sur le mur de laquelle grimpe de la glycine. On dirait un presbytère désaffecté, ou bien la bicoque d'une veuve qui a tourné le dos au monde. Il en existe dans tous les villages, et dans tous les romans aussi...

Une R 5 bleu marine est garée au bord du chemin. Il y a de la lumière aux fenêtres du rez-de-chaussée et, au-dessus de la porte, un motif en céramique vert et jaune...

13

Ils poussent la grille, traversent le jardin, frappent. Pierre voudrait qu'il n'y eût personne. Attente affolée. Laura ouvre la porte. L'improbable Laura, toujours rousse, presque aussi belle, qui sourit comme d'habitude. Laura au visage épargné par le temps, qui les regarde sans les juger, les embrasse en posant ses mains sur leurs épaules. Ses yeux sont vert pâle, ses vêtements vert foncé : un pantalon et un chandail qui estompent les formes...

La Porsche de Jérôme achève de grimper la côte. Jusqu'à Lambesc, les adieux manqués avec Pierre l'ont attristé. Parce que cette amitié gâchée — irrémédiablement —, ils auraient pu la sauver, il suffisait qu'il dise j'ai retrouvé Laura, allons ensemble à Ravennes, la bande au complet — enfin, presque, il manquera juste Richard. Pourquoi les mots qu'il faudrait prononcer se dérobent-ils, ou viennent-ils trop tard au bord des lèvres ?

Puis, après Lambesc, sur cette route qu'il ne connaît pas, son imagination a brodé une Laura de légende, qui saura au moins l'écouter, peut-être le sauver. Peut-être... Il a accéléré, indifférent aux paysages, a aperçu là-haut ce village ignoré des guides touristiques. Puis la hantise de l'échec lui a noué la gorge. Puis il a cru reconnaître Laura, au bout du chemin, devant une maison passablement défraîchie, flanquée de deux hommes qui... Aucun doute, hélas ! ce sont François et Pierre. Il a voulu s'enfuir mais il arrivait déjà devant la maison...

Jérôme descend de voiture ; Pierre et François affichent le sourire de la victoire. J'ai perdu, sauvons la face. Laura en l'embrassant colle presque son corps au sien. Laura dont les traits se sont adoucis, d'autres diraient amollis. Il se retourne vers François et Pierre :

— Qu'est-ce que vous foutez ici ?

— Laura nous a invités, on est venus, c'est tout. Et toi ?

— Moi ? Rien, je visitais ce village, je vous ai aperçus...

Le vrai Jérôme, celui qui sourit sans mordre. Ils éclatent de rire. Ensemble. C'est la première fois. Dans le regard de Laura, quelque chose d'indulgent et d'amusé. Quelque chose aussi d'un peu plus grave, qu'un sourire balaie.

— Entrez. La bande est presque au complet.

— Presque...

L'absence de Richard les précède dans le hall. Un couloir sombre, un salon où règne un désordre chaleureux : livres empilés sur une table, écharpes et blousons sur un canapé. Blousons d'homme ou de femme ? Chacun des trois se pose la même question : est-ce qu'elle vit seule ? Pas facile d'en décider. Les lieux tiennent du campement plutôt que du domicile, la moitié d'une cloison a été repeinte en vert amande, l'autre moitié est tapissée en mauve ; par endroits le papier peint se corne. Une télé minuscule est posée à même le sol ; un pick-up ancien modèle occupe le dessus d'une cheminée de marbre. Les volets des fenêtres ne sont ni ouverts ni fermés ; le tableau accroché au mur, côté jardin, représente un oiseau noir — duc ou milan — qui plane sur une surface blanche. Tout en bas, une maison en ruine, ocre, et un bouquet d'arbres décharnés.

Laura les fait asseoir. Toujours ce sourire de mystère ; en même temps il laisse entendre qu'elle n'a rien à cacher. Elle s'assoit sur le tapis, genoux repliés, repousse de la main une mèche qui lui tombait sur les yeux. Ce geste, elle le faisait souvent. Au cou elle porte une perle noire, aux reflets verdâtres, montée sur un pendentif en or. Elle se tourne vers Pierre :

— Tu m'as déçue. J'ai un collègue qui ne manque aucun match de foot. Il prétend que tu n'as jamais joué en équipe de France...

Jérôme, narquois :

— Manque de maturité physique. Ça peut encore s'arranger.

— Et toi, Jérôme ? Je n'y connais rien en politique, mais, si tu étais président de quelque chose, j'aurais vu ta photo quelque part.

Pierre renvoie la balle :

— Il est trop pur pour supporter les démagogies électorales, et trop libéral pour prendre le pouvoir par la force. La France fera appel à lui si les choses se gâtent. Comme de Gaulle...

François, faussement cruel :

— Il est tout de même trésorier du Lyon's Club d'Aix-en-Provence.

Laura pointe l'index vers François :

— Toi, c'est pire. Il n'y a pas beaucoup d'internationaux et de chefs d'État, mais tout le monde écrit des livres. Mon libraire t'ignore.

Pierre, toujours narquois :

— Il peaufine son œuvre. S'il n'a pas encore publié, c'est par exigence vis-à-vis de lui-même... Et toi, Laura?

Très court silence. Trois hommes à l'affût, angoissés.

— Moi ? Je n'ai jamais rien voulu être ; j'y suis arrivée, sans effort.

Nulle ironie dans son sourire. Une vérité

énoncée sur le ton de l'évidence, qui les intrigue et les rassure. Elle sort des bouteilles. Pastis pour François et Pierre, whisky pour Jérôme. Le moment est venu de décliner un peu d'identité. C'est une corvée ; autant s'en débarrasser au plus vite. Pierre se lance :

— On commence par qui ?

— Par moi. Médecin psychiatre à Aix. Marié, pas d'enfant.

Ce bilan tronqué révèle une détresse telle que personne ne sourit et que François prend le relais, pour conjurer le malaise qui s'installe :

— Professeur d'histoire à Salon. Marié, une fille.

— Journaliste à Paris, marié, divorcé, deux filles...

Laura les regarde sans bouger, soupire, hoche la tête.

— Vous ne vous en êtes pas si mal tirés...

Rires encore contraints. Pas si mal tirés ? C'est vrai et c'est faux, ils vont lui expliquer. Mais elle ?

— Je suis tellement contente... Vous restez dîner, on trouvera ce qu'il faut dans le village.

Ils disent oui. Ils sont émus et paumés. Le bonheur n'est pas loin. Laura les ressert — et, assez soudainement, chacun se libère. C'est le moment où la nuit achève de se répandre sur la campagne. Les branches d'arbre qu'on aperçoit, juste derrière la fenêtre, deviennent floues, presque indistinctes ; de même les toits du village, tout en bas. Ils boivent. François remplit les verres, renverse le sien, raconte la soirée à Marseille. C'est une porte ouverte à l'évocation d'autres soirées, à Marseille et ailleurs. Le jour où Jérôme, la nuit où Pierre... Toujours assise sur le tapis, menton posé sur les genoux, Laura les écoute en fumant une cigarette. Tu te souviens, Laura ? Elle se souvient...

Le bruit d'une moto sur le chemin. La porte d'entrée qui s'ouvre. Un pas dans le couloir, un jeune homme qui débouche, un casque à la main. Richard, à vingt ans. Le même visage, en plus charnu, avec les cheveux moins longs, la même allure, des yeux qui ne savent pas où se poser :

— Je vous présente David ; c'est mon fils.

— Mais... On dirait Richard ?

— Forcément, c'est son fils.

— Parce que tu...

— David est le fils de Richard. Ça vous étonne ? Ces messieurs sont les amis de ton père : François, Pierre, Jérôme. Je t'en ai souvent parlé. Les fameux Conquérants...

David leur serre la main, allume une cigarette. Surpris et ému. Silence. Les trois amis dévisagent le fantôme juvénile de Richard, dont l'absence devient écrasante.

— Vous vous demandez où est Richard ? Il se promène, depuis dix-huit ans. Vous connaissez sa passion du voyage. Il nous envoie de l'argent, et de jolies cartes postales. La dernière venait de Ranguiroa. Ça existe, j'ai regardé sur une carte.

— Où est-ce ?

Geste vague.

— En Polynésie, il me semble. Tu sais, moi, la géographie...

Une ironie indulgente et très douce, corrompue par nulle rancœur. L'ironie d'une femme qui aurait perdu ses illusions sans dommage.

— Il n'est jamais revenu ?

— Si. Il passe tous les deux ou trois ans, sans prévenir. Ensuite il repart, et je l'attends. Attendre, c'est le destin de la femme. J'ai appris ça dans la Bible...

Ils se regardent l'un l'autre, stupéfaits. Elle éclate de rire :

— J'ai dit une monstruosité ?

— Non. Mais... Qu'est-ce qu'il fait ?

Nouveau geste vague :

— Des affaires ; ne me demande pas lesquelles. Il lui arrive d'être très fauché, ou très riche. Il ne reste pas longtemps au même endroit. En ce moment, je crois qu'il est presque milliardaire. Ça ne devrait pas durer...

En somme, Richard a rejoint ses rêves d'aventure. Il est le seul des quatre. Ce que Laura vient de leur apprendre souligne l'incurie de leurs parcours. Ranguiroa... François veut localiser sur une carte, Laura va chercher un vieil atlas, peut-être celui que Richard dépliait sur les tables de bistrots. Ils se penchent autour de Laura. Le parfum de ses cheveux... C'est une île des Tuamotu, au nord-est de Tahiti. Un atoll, précise David avec orgueil.

On le soumet à un interrogatoire serré et goguenard. Ce qu'il fait ? Sciences-po à Aix, comme son père, et de l'anglais parce qu'il ne restera pas en France. Ce qu'il fera ensuite ? Partir, comme son père. Ils en sont convenus. Ce qu'il aime ? La géographie bien sûr, la moto (à la folie), les filles (sans plus), le sport, le rock, Paris et l'Amérique. Surtout l'Amérique. Et ta mère ? Oui, il aime sa mère. Rires. Ce qu'il déteste ? Les gens sérieux, la Côte d'Azur, le travail (atavisme ?), les armes nucléaires, la politique (autre atavisme ?), la fac en général, celle d'Aix en particulier.

A son tour, il les interroge. Lequel voulait reconquérir l'Afrique ? On se tourne vers Jérôme, qui est en train de se resservir à boire. Il a ôté son veston, dénoué sa cravate. Il justifie l'ajournement des invasions africaines par la défection des trois autres. A quatre on aurait pu au moins réduire le Togo... Lequel avait voulu fonder une revue ? Ton père. Pourquoi le premier numéro n'a-t-il jamais paru ? On ne sait pas au juste. Qu'est-ce que vous faites dans la vie? Pas grand-chose. Médecin. Journaliste. Professeur. Vous n'avez pas les têtes de l'emploi. C'est un compliment? Oui. On a les têtes de quel emploi? Il ne sait pas. Eux non plus.

François est déjà ivre. Il se lève, choisit un disque, le pose sur le pick-up. La voix plaintive de Ray Charles s'empare de la pièce. *Deep in the heart Texas...*

Ils descendent à quatre dans le bourg, pour y acheter des vivres, se séparent sur la place. Jérôme et David vont à l'épicerie, Pierre et François à la charcuterie. Rendez-vous au bistrot.

La charcutière est assez fraîche; Pierre lui tourne un compliment attentatoire à sa pudeur. Outrée, elle se replie dans l'arrière-salle.

— Comment tu l'as trouvée?

— La charcutière? Avouable.

— Non. Je te parle de Laura.

— Merveilleuse. Si Richard...

— C'est dingue. Quand on pense qu'il se bronze sur un atoll pendant qu'on fait les cons à Salon ou à Paris...

Le patron se pointe en renfort, visage buté, poings sur les hanches.

— Vous désirez?

— Deux boîtes de foie gras, une dizaine de saucissons, un jambon du pays, bien sec si possible, douze boîtes de ce pâté maison...

— C'est une plaisanterie ?

— Monsieur, je ne plaisante jamais...

Il les sert, dans un silence de nécropole. François à son tour passe commande, par kilos : des rillettes, des chips, du chorizo, de l'andouille, des boîtes de tripes. Le faciès du commerçant trahit une déstabilisation qui affecte les fondements même de son éthique. Pierre et François évitent de se regarder, pour ne pas rire. Pierre paie, François laisse 100 francs de pourboire. 100 francs nouveaux. Si Marie-Claude savait...

Ils vident les lieux en portant à deux un carton énorme. Jérôme et David sont déjà accoudés au comptoir. Au fond de la salle, quatre autochtones poursuivent un apéro qui a dû débuter tôt dans l'après-midi.

On décrit les anatomies respectives de la charcutière et de la boulangère — avec laquelle il semble que Jérôme se soit mal conduit ; puis on joue la tournée au flipper, selon l'usage. C'est un Gottlieb tout déglingué, qui refile des parties gratuites quand on lui tape sous le ventre. David perd et paie.

— Ton père gagnait tout le temps. La race dégénère.

David relève le gant, on lui accorde sa revanche. Il perd une autre tournée. Ses poches faites, il lui manque quelques francs pour régler la seconde. On l'excuse.

— Je suis raide jusqu'à la fin du mois. Pas un mot à ma mère.

— Pourquoi. Elle est sévère ?

— Non, elle est cool. Elle me file même pas mal de fric. Mais pour les rallonges, elle tique. C'est normal...

Ils voudraient lui poser d'autres questions sur sa mère. Une pudeur les en empêche. Ils quittent le bistrot avec leurs cartons au moment où le maire y entre, alerté au téléphone par le charcutier. Deux types bizarres, l'un des deux portant de grosses lunettes et presque chauve. Fausse alerte : il a reconnu le fils de l'étrangère, flanqué des deux types. Rien à reprocher à cette femme, qui s'est installée à Ravennes il y a une douzaine d'années. Elle travaille à Apt, élève son fils, ne s'absente jamais. Pas de liaison, qu'il sache. Pourtant elle est belle, et le père vient rarement. Il est riche. Une tradition d'excentricité pèse sur cette maison et sur la famille Molinier. Édouard, le précédent propriétaire, y faisait tourner des tables ; son père, Léopold, y fumait de l'opium. La maison est restée longtemps inoccupée...

14

Avertis par la rumeur, les habitants de Ravennes regardent passer une fanfare inhabituelle: le fils de l'étrangère et trois inconnus éméchés, dépenaillés, qui chantent en trimbalant des cartons superposés dont ils se servent comme grosse caisse.

Jérôme et David marchent en tête. Jérôme lui propose discrètement une avance, pour finir le mois. Parce qu'il se souvient qu'en fac les fauchés n'ont pas la vie belle? Ou pour se dédouaner d'avoir si longtemps péché contre l'esprit de jeunesse? David remercie, empoche la somme.

— Je te revaudrai ça quand je serai riche.

— Tu as envie de l'être?

David hésite:

— Oui, mais très riche. Pas comme ces cons qui friment sur la Côte, dans le genre Cristofini. Tu vois ce que je veux dire?

— Je vois.

Jérôme prend la cigarette allumée que David lui tend. Le genre de richesse que ce grand garçon récuse déjà, c'est la sienne. Sa Porsche, qui est garée à côté des voitures ordinaires de François et de Laura, lui paraît soudain inconvenante. Mais ni François ni Laura n'ont connu l'auberge de Sainte-Hélène.

Pierre et François les rejoignent. Devant la grille, ils s'immobilisent. La nuit est claire, le ciel semé d'étoiles. Un vent léger chante dans la vallée.

Laura a dressé la table dans la cuisine. Laura, calme et radieuse, qui fredonne un air entendu tout à l'heure. Lequel jouira du privilège d'être assis à côté d'elle ? C'est un débat. Il dégénère en confidences attendries, rendues par l'alcool plus ou moins inoffensives. Laura, on peut le dire devant David, nous t'avons tous un peu aimée. Elle le sait pertinemment. Moi aussi je vous ai aimés, dit-elle avec un rire qui précipite les aveux. Des amarres se rompent, des bouteilles décèdent, la bande a retrouvé son âme. C'est David qui tire la conclusion :

— Mettons que je remplace mon père ; nous sommes au complet. La revue, on pourrait la faire...

... Oui, on pourrait la faire. On pourrait — pourquoi pas ? — se revoir périodiquement. On pourrait oublier qui nous sommes, et tourner à l'envers les aiguilles du temps. On pourrait...

Au dessert ils sont tout à fait ivres, et le premier numéro de la revue pratiquement bouclé. Laura a bu quelques verres — juste assez pour les accompagner sur le navire fragile de leurs illusions raccommodées. Depuis si longtemps, elle restait à quai. Son fils, qui ne boit jamais, s'est affalé sur un divan du salon. Un jet l'emmène aux Amériques, avec les copains de son père. Sa mère est du voyage. Atterrissage sur l'aéroport de Los Angeles. Richard les attend, les embarque dans sa Chevrolet. Il y a un colt dans la boîte à gants, et une liasse de dollars. Sunset Boulevard...

Comment décrire cette avancée dans la nuit ? L'un après l'autre, Jérôme, François et Pierre se sont assis aux côtés de Laura. Dans les siècles passés, on vidait son sac au confessionnal. Le psychanalyste a voulu prendre le relais, mais Jérôme a payé de longues cures à 500 francs la séance pour savoir que ces sorciers-là ne savent conjurer que les démons accessoires. Pire : lorsqu'ils ont dénoué les ficelles d'une âme, il ne reste rien dans la boîte. Seules les Laura, quand par miracle on les retrouve... Aussi, il lui parle de son enfance, avec une lucidité rendue par l'alcool effrayante. Ses humiliations, ses ruminations. Laura prétend qu'il n'est jamais trop tard pour recoudre le tissu d'un passé. Il voudrait tellement la croire, dérape sur Muriel (« parce que tu étais partie »). Il va trop en dire. Opportunément, François, assis à l'autre angle de la pièce, près du pick-up où Oscar Peterson égrène un spleen désemparé, François la malice appelle Jérôme, lui confie sa liaison avec la trop jeune Sandra. Ils ont fini par rompre ; la gamine menace de se suicider, ce qui serait fâcheux, ou de vendre à ses parents la mèche éteinte, ce qui serait épouvantable. Il ne voit pas comment se tirer de cette passe. Est-ce que Jérôme ?...

— Pourquoi tu ne m'en as pas parlé plus tôt ?

— Parce que tu jouais au psychiatre.

Ils rigolent. Jérôme promet de s'en occuper.

— Ta femme est au courant ?

— Non.

— Ta fille ?

— Je le crains. Elle ne m'en a jamais parlé. Elle doit garder ça sous le coude, pour le jour où elle voudra que je lui achète une bagnole.

— Elle est capable de ça ?

— Elles sont capables de tout.

Jérôme soupire, glisse sur la pente de la confession, parle de Muriel, posément, sans haine. C'est une malade, il ne peut pas lui en vouloir. François non plus n'en veut pas à Marie-Claude. Fatalisme bercé par Oscar Peterson. *Night in the Train.* Les autres maris sont-ils mieux lotis ? L'enfer, c'est le mariage. Des hommes de leur trempe étaient bâtis pour vivre comme Richard, en solitaires — avec une Laura en réserve, pour le repos du guerrier.

Pierre cependant récite à Laura d'autres misères intimes : Sabine et ses deux filles, Laetitia surtout, qui tire sur le collier. Il va rompre. Tant pis ou tant mieux ? Il parle aussi de Sylvie (“ elle te ressemble ”) et de Dieu, son meilleur copain, mais ils se voient rarement, chacun ayant ses occupations, juste un bonjour à Saint-Étienne-du-Mont, lorsqu'il passe chez son éditeur. Et toi, Laura, tu le connais ? Oui, elle connaît Dieu, ils sont en termes familiers. C'est plus facile pour une femme, surtout juive. Pourquoi ? Elle ne saurait dire. Ils en viennent à parler du bonheur, hors de portée selon Pierre, facile à capturer selon Laura.

Jérôme les interrompt, la conversation redevient générale. Nous parlions du bonheur. Qu'est-ce que le bonheur ? Chacun hasarde une théorie, sauf Laura, qui n'a jamais su mettre en équation ses états d'âme. L'essentiel est qu'elle sache écouter ces grands garçons paumés, si tristes au cœur de leur joie, qui furent des copains comme son fils n'en aura jamais.

Justement il se réveille, allume une cigarette, entreprend Pierre sur le foot. Il joue à la fac, au poste d'avant-centre. Si je t'avais eu en face de moi, petit bonhomme, tu ne serais pas passé souvent. Défis sportifs. Pierre l'emporte au bras de fer, mais il tenait la table de sa main gauche. C'est interdit. De toute manière, au foot, les bras ne servent de rien. Il faut savoir courir. Aller-retour jusqu'à la mairie, en passant derrière le bâtiment ? Quand tu veux !

David et Pierre se lèvent. Jérôme désire participer à la course. François s'abstiendrait volontiers, mais, son « courage » ayant été mis en cause, il enlève son pull.

Laura donne le départ à la grille. Les concurrents sont tous en tricot de corps. Partez ! Elle les regarde s'éloigner. Ce genre de défi digestif, Richard en lançait tout le temps ; ils se terminaient quelquefois dans un commissariat. David a hérité, entre autres, l'inconséquence de son père. Un jour il s'en ira, comme Richard, et elle poursuivra son attente. Seule. Un jour plus lointain, ils reviendront...

François et son embonpoint sont largués ; David se détache. Pierre et Jérôme sprintent pour la seconde place, arrivent sur la même ligne, reprennent leur souffle en riant, applaudissent François, qui s'affale sur l'herbe. A leur passage, des lumières se sont allumées, des volets se sont ouverts, des chiens ont aboyé...

... Il est tard. Demain... Ce mot douloureux, on voudrait l'abolir. Demain Pierre prendra le train de Paris, Jérôme consultera, François enseignera. David n'a pas cours le jeudi matin : il dormira. Et toi, Laura ? C'est vrai, tu travailles. Pas facile de l'imaginer dans un bureau, avec des dossiers, un téléphone, des interlocuteurs qui lui parlent de fruits confits. Pas facile de l'inscrire sur le théâtre nain de la vie qu'ils mènent. On ne voit pas souvent les divinités exercer un métier répertorié à la Sécurité sociale. Ton boulot te plaît ? C'est juste un boulot. Tu as un patron ? Oui, j'ai. Il est amoureux de toi ? Bien sûr. Tu veux qu'on lui casse la gueule ? Elle préférerait qu'ils ne le fassent pas.

On se rhabille, on boit de l'eau minérale. On échange les adresses et les téléphones. Moment horrible. Si jamais Richard se manifeste, tu nous préviens. Elle promet. Elle dit : « Venez quand vous voulez, ensemble, séparément. » Est-ce qu'elle a vraiment ajouté : « Venez vite ! » ? On n'est pas sûr ; on a pu mal entendre. Pour *Les Conquérants,* David écrira quelque chose sur la déprime de sa génération. Car sa génération, prétend-il, accuse une chute de tension ludique. On fait semblant de le croire.

« Revenez ! » implore-t-il en leur serrant les mains. Ils sont dans la cour. Le ciel est toujours clair, la lune les surveille. David pose sa main sur l'épaule de Jérôme. Un copain qui prête son fric, comme ça, en sachant qu'il le reverra aux calendes, c'est beau. David a déjà compris que ce critère de l'amitié est le plus fiable. Entre Pierre, François et Jérôme, le fric circulait en permanence. Le moins fauché du moment arrosait les autres. Le tour de Jérôme ne venait que deux fois par an, et pour cause.

Laura les embrasse silencieusement, referme la porte. La messe est dite. Comme François rentre à Salon, Pierre monte avec Jérôme. « On s'appelle très vite. » Formule convenue — mais il y aurait trop à dire, il est trop tard pour le dire. D'ailleurs, ils ne sauraient probablement pas le dire. Salut, petit prof sympa, rentre chez toi sans réveiller ta femme. Écris ton livre. A présent tu as un sujet : trois amis, une femme un peu folle, un gamin qui ressemble à son père, une nuit de printemps en Provence, un village qui roupille sur les flancs d'une colline. Et le monde, tout autour — le monde qu'on sent peser sur les épaules, comme un costard taillé trop grand pour nous. Salut...

La Porsche s'éloigne de Ravennes, retrouve à Lambesc la nationale 7. D'habitude on la descend pour trouver le bonheur, on la remonte pour retrouver le reste.

— Tu reviendras ?

— Je crois.

— Cette revue, si on ne la fait pas, le gosse va être déçu.

— Je sais. On va la faire. Au moins un numéro par an. On se cotisera pour les frais d'imprimerie... Laura t'a raconté sa vie ?

— Non. Je lui ai raconté la mienne. Enfin, les grandes lignes.

— Moi aussi. Tu savais qu'elle est juive ?

— Oui.

— Pas moi... Pourquoi tu ne nous as rien dit, aux Deux G ?

— J'ai failli. Vous aviez l'air braqués contre moi. C'est con...

Les lumières d'Aix se profilent.

— Il reste un truc ouvert dans ton bled, pour prendre le dernier ?

Jérôme sourit. Il attendait cette proposition depuis Ravennes, sans espoir.

— J'allais te le proposer.

Doit-on ajouter que Jérôme raccompagna Pierre à l'aube, et que la Porsche éborgna une voiture stationnée devant l'Hôtel des Anglais ? Dans le night-club feutré où ils furent, tout le monde connaît le Dr Carcenac, mais personne ne l'avait vu à ce point débraillé et ivre. Les deux amis se sont accoudés au bar. Sur la piste, une femme de leur âge se trémoussait avec lenteur, seule, bouche ouverte, bras écartés. A tous égards elle souffrait de la comparaison avec Laura. Ils ont trinqué le premier verre sur les bases d'un nihilisme éploré. Au second ils ont libéré leurs nerfs en riant comme des dingues ;

la danseuse solitaire a cru qu'ils se moquaient d'elle. Au troisième, un bateau — ivre naturellement — accostait dans une rade de Ranguiroa. Richard les attendait sur le quai. Impératrice des lieux, Laura posait sur leurs épaules des couronnes de tiarés...

15

Pierre regagna la capitale ; sa vie reprit son cours. Livres parcourus sans plaisir, chroniqués sans méchanceté, oubliés pour l'éternité. Faucon l'envoya couvrir à La Rochelle les obsèques d'un écrivain connu, mort la plume à la main ; puis une représentation théâtrale à Strasbourg. Une pièce à la mode, où l'auteur prouvait l'incapacité absolue des humains à communiquer entre eux. Pierre l'éreinta, à la surprise de ses confrères. Verdict lapidaire : s'il est impossible de communiquer, pourquoi écrire ?

Laetitia réussit son bac, Véronique subit une opération de l'appendice et Sabine sollicita un réajustement de sa pension alimentaire, au motif — imparable — que le coût de la vie avait augmenté. Ils se rencontrèrent avenue Mozart. Pour la première fois, Pierre considéra sans malaise l'ancien décor de sa vie conjugale. Sans malaise, et de très loin. Pourtant, cette femme acharnée à lui soutirer du fric, il l'avait désirée, possédée, peut-être aimée. Il avait — au début — tenu sa tête sur ses genoux, promené ses doigts sur son visage, embrassé ses lèvres, recueilli son sourire. Il lui avait promis du bonheur. A qui la faute si le bonheur n'intéresse pas Sabine ? Rien ne l'intéresse, même pas l'argent, c'est juste une arme, comme le don du corps, comme les enfants. Une arme dont elle use dans la paix morale, car il est juste que l'homme paie. Pour expier quel crime primordial ?

Débutée sans y prendre garde, poursuivie par la force des habitudes, la liaison avec Sylvie tournait à la fixation paraconjugale. Pourquoi pas ? Ils passaient leurs soirées ensemble, avec des disques, des livres, quelquefois des amis. Rarement : Sylvie n'en avait pas, et ceux de Pierre craignaient de le déranger. De quoi ?...

Les week-ends, ils descendaient à Bordeaux. La santé de Jean Cabanne se délabrait. Prisonnier d'un fauteuil, il rabâchait ses faits de Résistance, dans un désordre où la prise de Périgueux se superposait à la reddition d'une soubrette aux environs de Brantôme. Sa mère poussait Pierre au remariage. Que Sylvie fût divorcée, d'extraction imprécise et qu'elle ne possédât rien au soleil ne la gênait aucunement. Les préjugés bourgeois, il faut les céder aux concierges. Revenue de tout, ou presque, Louise Merlaud voulait achever sa vie dans ce luxe ultime : le non-conformisme. Elle trouvait des excuses au tiers-mondisme de son vicaire, et lisait des auteurs réputés séditieux. Sylvie lui convenait : jolie, peu bavarde, n'exigeant rien de son fils. L'antithèse de Sabine, qu'elle avait toujours haïe, d'instinct, en femme qui a choisi le camp des hommes...

Il arrivait que la balade en Provence agitât la mémoire de Pierre, comme fait la brise à la surface des eaux. La nuit à Ravennes rejoignait les épisodes plus reculés de sa vie à Aix. Par moments il revoyait la maison gravée dans le ciel, le visage de Laura encadré par la porte, et quelque chose en lui s'ébranlait. Quelque chose d'innommable, l'attente larvée d'une échéance dont on ignore tout. C'est un sentiment très doux le matin, presque effrayant lorsque approche le crépuscule.

Il aurait pu appeler Laura au téléphone, pour lui dire qu'ensemble ils avaient signé une victoire sur le temps. Petite victoire. Il aurait pu aussi acheter un disque de Ray Charles ou d'Oscar Peterson, et faire grésiller la nostalgie sur l'électrophone de Sylvie. Il aurait même pu redescendre à Aix, pour une relance aléatoire. On ne se baigne jamais dans le même fleuve, disent les Chinois, qui savent ce qu'éternité signifie ; et jamais les trajectoires des êtres ne se croisent au même endroit. Alors...

Sylvie soupçonnait bien qu'en Provence un horizon s'était ouvert, ou refermé. Elle s'abstint d'y faire la moindre allusion. Leurs conversations, depuis le début, respectaient la zone interdite des sentiments. C'est une précaution...

L'automne agonisait. Le gros marronnier qu'on voit de la fenêtre du salon, rue de Brissac, avait perdu ses feuilles. L'éditeur chez qui travaillait Sylvie voulut publier les aventures d'un ami de son fils. Aventures peu ordinaires : ce type avait quitté la France vers la fin des années soixante, s'était enrichi dans divers pays africains, puis en Indonésie, avant de cultiver du coprah sur deux atolls de la Polynésie. On lui attribuait aussi des activités plus occultes. Il acceptait le projet, sous réserve qu'un professionnel l'aide à construire le livre. L'éditeur avait pensé à Pierre. L'aventurier, selon Sylvie, paraissait attachant et drôle.

On prit rendez-vous, Pierre se présenta chez son éditeur. L'aventurier que Sylvie avait trouvé attachant et drôle, c'était Richard Molinier — amaigri, cheveux très courts, avec dans le regard une brume de lassitude. Richard désireux de se poser enfin et qui, en revoyant son ami, manifesta une joie enfantine.

Touché au plus profond, presque effrayé par ce nouveau don du hasard, Pierre encaissa la surprise :

— Si je te disais que j'ai retrouvé les autres...

— Je te répondrais que je pensais à vous dans l'avion. Tu es devenu écrivain ?

— Écrivain du dimanche seulement. Je suis journaliste à *Presse-Matin.*

— Félicitations.

— Il n'y a vraiment pas de quoi. Pourquoi tu es revenu ?

Richard a réfléchi avant de répondre :

— Les cocotiers se ressemblent tous. Et puis j'ai laissé un fils en Provence...

— Je sais. J'ai retrouvé Laura, aussi ; je connais David.

Étonnement muet de Richard. Muet et peut-être douloureux. Long silence.

— Tu es descendu à l'hôtel ?

— Oui.

— Tu viens crécher chez moi ?

— Oui...

Ils sont sortis en oubliant l'éditeur et son projet de livre. A l'angle de la rue Descartes, ils sont entrés dans un bar, sans se concerter ; Richard a mis une pièce dans le flipper. Ils ont joué en silence, avec la gravité requise, et Richard a gagné en s'excusant : il s'entraînait souvent à Papeete. Tandis que Pierre, avant la soirée avec François, n'avait plus joué depuis la fac...

L'appartement de la rue de Brissac, quelques heures après les retrouvailles des deux amis. Sylvie sert l'apéro. Whisky ou pastis ? C'est un choix de civilisation, Richard le sait. Il hésite, sourit. Pastis...

Dans le taxi qui les a conduits successivement à l'hôtel de Richard, avenue de Wagram, puis chez Pierre, les deux amis se sont tus. Il y a de la volupté à ajourner la confession désirée — celle que se donnent les futurs amants, lorsqu'ils s'ingénient à différer l'étreinte. Paris s'habillait pour la nuit, des lumières se reflétaient sur la Seine, la façade du Louvre prenait des teintes rosâtres. Paris, le premier amour de Richard. Paris au crépuscule, sa féerie en mauve. Si les fanas de l'exotisme savaient...

Pastis, donc. Pierre raconte sa descente à Aix, la virée à Marseille avec François, l'amitié de Jérôme perdue et reconquise, la soirée chez Laura, l'absence de Richard, la présence de David, le bonheur fragile partagé à Ravennes. Fragile et sans suite...

Richard écoute avec émotion. Le récit de cet ami si longtemps oublié avive en lui une plaie qui n'avait jamais cicatrisé, encore qu'elle ne l'empêchât pas de vivre. Il se sent las, incertain, vaguement coupable. Disponible. Laura, David... et ces trois témoins d'une jeunesse morte depuis des lunes, réunis chez lui, sans lui...

C'est son tour de raconter. Il savait si bien le

faire, mais par où commencer ? Les forestiers du Cameroun, la brousse immense, le petit bar de son oncle Alfred, à Douala. C'était son rêve africain, nourri dès l'enfance, à Avignon et à L'Isle-sur-la-Sorgue, par les récits de cet oncle, qui vivait là-bas depuis la guerre, qu'il a retrouvé, qu'il a vu mourir misérablement. Rêve déchu, parce que l'Afrique de Conrad et de Livingstone n'existe plus — et aussi, plus simplement, parce que les rêves, s'ils sont cités à comparaître, se dissolvent immanquablement. Libreville et Lomé sont des patelins où il fait trop chaud ; la brousse, un non-lieu où les bonnes rencontres sont rares.

D'autres escales africaines, un peu de prison au Mozambique, fraîchement émancipé par le Portugal. La fièvre de l'indépendance crispe les doigts sur les gâchettes. Il faut savoir flairer les vents de l'Histoire ; or ils tourbillonnent comme une toupie lâchée sur un sol granuleux. Fuite en Indonésie, dictée par la nécessité de refaire du fric. Dans ces pays-là — que les gens cravatés appellent tiers monde —, le fric tient lieu de carte de visite. On le gagne sur un coup de dés — à condition de les piper au préalable. On le perd vite. On se refait ou on plonge.

Djakarta n'est pas un endroit où l'on envisagerait de finir ses jours. Ayant réussi là-bas un coup immobilier fructueux, Richard s'est laissé abuser par un autre rêve, le plus enfantin de tous les rêves, le plus universel aussi : Tahiti, les îles. Un rêve en bleu et rose. Il a tout vendu et il s'est fixé à Moorea la belle, en bordure du lagon, dans la rade précisément où le bateau de Cook avait accosté un jour. C'est un éden comme un autre, inventé par Bougainville, colorié par Gauguin, pérennisé par les campagnes publicitaires du Club Méditerranée. On le déguste et puis on s'y enlise. On finit par s'en lasser. Les vahinés manquent de conversation, et le double impérialisme des coopérants et des insectes devient pesant à la longue. Condamné à la sieste à perpétuité, dans la compagnie d'une Mareva assoupie et docile, Richard a mûri des plans d'évasion. Deux issues, pas forcément contradictoires : l'Amérique et la France. Adieu Mareva. Bagages. Regrets tout de même, parce que le paradis des hommes, s'il existait sur la terre, battrait pavillon polynésien. Mais n'importe quel théologien vous dira que le paradis se tient dans le ciel, et qu'on s'y pointe sans bagages.

Nouveaux pénates à San Diego. Incursions dans l'Arizona (j'avais ça dans la peau, depuis toujours). Oui, le désert mérite sa réputation — mais du côté d'Aix-en-Provence, Laura et David...

— Ils t'attendent.

— Je sais.

— Tu iras ?

— Nous irons. Toi, moi, Jérôme, François. La bande...

Est-ce l'aube d'un autre rêve, ou bien la fin des rêves ? Ils parlent longtemps, comparent leurs itinéraires. Aucun rapport si l'on s'en tient aux apparences ; Richard a vu le monde ; François a lu des livres. Pourtant une même vacance les habite — le même sentiment d'avoir frôlé sans l'étreindre une vérité pressentie à vingt ans. Vérité humble, sans majuscule, applicable à eux seulement. Sur Tahiti, Pierre a lu deux romans modernes : *Le Passager clandestin,* de Simenon, et *Le Passage,* de Reverzy. Il se trouve que Richard les a lus aussi et qu'à son gré ils épuisent le sujet. Alors...

Sylvie s'est retirée, par décence. Deux hommes se dénudent, ça ne la regarde pas. Désormais elle comprend mieux l'espèce de pénombre où Pierre tâtonne. Mais comprendre, ça sert à quoi ?

Pierre a reproché à Richard d'être parti sans les autres. Richard a répondu que les autres l'avaient lâché. Cette hypothèse du malentendu est commode ; autant s'y tenir...

Tard dans la nuit. Ils ont appelé Laura et David. Laura les attend. Elle préviendra Jérôme et François demain. Puis ils sont allés à pied jusqu'à la gare de Lyon, pour y connaître les horaires des trains du Sud. Ils prendront celui qui avait descendu Pierre au printemps. Au retour ils ont fait halte dans un bistrot de la Bastille, à l'angle de la rue Saint-Antoine, pour y boire la métaphysique du dernier verre. C'est encore la seule qui résiste à la crise. A deux, son amertume est presque savoureuse.

A présent Richard dort sur le canapé du salon. Sommeil d'enfant, bercé par deux visages : celui de Laura, qu'il reverra demain, celui de Mareva, qu'il oubliera peut-être. Deux visages maternels, deux figures de la paix qu'il a cherchée vainement, sur des routes sans ombre.

Pierre s'est dévêtu silencieusement, pour ne pas réveiller Sylvie, mais elle ne dort pas. Yeux clos, elle songe à ces êtres bizarres — les hommes — qu'un faisceau de nécessités rapproche des femmes, sous un toit, dans un lit, pour dix minutes ou pour la vie. La tendresse féminine — sa tendresse — se dilapide à fonds perdu : ni leurs désirs ni leurs effrois ne sont domesticables. Eux-mêmes échouent à en démêler l'écheveau. Néanmoins, privés de tendresse, ils sombrent. De ce paradoxe il n'y a rien à conclure.

— Tu es heureux ?

— Pire : je suis confiant.

— Ça t'effraye ?

Il ne répond pas. Dehors, la pluie s'est mise à tomber. Paris respire lourdement, comme un poitrinaire. Sylvie caresse son visage, son corps. Il écarte les bras, signe d'un abandon qui ne veut pas dire grand-chose.

— Laura, tu l'as beaucoup aimée ?

— J'ai aimé un mirage, il avait la couleur de ses yeux.

Une étreinte chaste — Pierre ne tolère plus les autres. Deux corps qui se rejoignent dans la nuit, sans un geste superflu, sans un mot, sans érotisme, sans rien. Ce que les imbéciles appellent « plaisir », et les naïfs « fusion des âmes ». Comme si les âmes...

16

Dijon... Lyon... Pas un nuage dans le ciel. Des paysages aux lignes déjà épurées par l'hiver. Avignon, ville natale de Richard. Son père s'y est suicidé. Ménage détérioré, affaires en perdition ? Il n'a jamais su ; la famille a escamoté ce cadavre. Sa mère s'était remariée aussitôt. Il croit savoir qu'elle vit en Suisse, du côté de Vevey. Ils ne se sont jamais revus. Une tante de son père l'a élevé à l'Isle-sur-la-Sorgue. Il s'y est ennuyé. Pensionnaire dans un lycée d'Avignon, il faisait le mur, partait en stop pour Marseille, avec l'intention de rejoindre en Afrique son oncle Alfred, qui passait saluer son épouse, tous les deux ans environ, s'engueulait avec elle, lui donnait son argent et repartait au bout de deux jours.

A l'époque de la fac, Richard enviait secrètement les copains titulaires d'une famille stable.

L'instinct de la fugue s'explique en partie par le délabrement du tissu familial. En partie seulement : le sang de l'aventure coule dans les veines des Molinier. Aussi loin qu'on puisse remonter, ses ancêtres ont tous fui la France. La généalogie familiale s'honore d'un évadé du bagne de Cayenne, devenu souteneur au Venezuela, et d'un malandrin passé par les armes en Cochinchine, au tournant du siècle.

Ces morceaux de passé qu'il déballe à Pierre ne parviennent pas à rompre l'euphorie où ils baignent. Son enfance est trop loin pour l'atteindre ; sa famille à présent se résume en quatre syllabes : Laura, David. Il va les récupérer tout à l'heure.

Pour planer plus commodément, les deux amis ont bu, dès la gare de Lyon... Gare Saint-Charles... L'omnibus surchauffé, la nuit qui tombe sur les usines de Gardanne. Une jeune fille monte, s'assoit sur le siège qui leur fait face. Richard lui demande poliment lequel des deux est le plus séduisant. Aucun. Ils s'en doutaient un peu. Désireuse d'adoucir un constat qui venait du cœur, elle consent à nouer conversation. Ce qu'elle fait dans la vie ? Élève infirmière à Aix. Et vous ? Ils se regardent. Nous sommes étudiants, hasarde Richard. Elle l'aurait juré. Quelle discipline ? Les sciences politiques. Ça débouche sur quoi ? Sur rien...

Le Dr Carcenac a bradé son dernier client — une femme, quarante ans, sans enfant, dont le mari a fait la malle. Pas très jolie ; pas laide non plus. Juste une femme de quarante ans, qui tâtonne dans la solitude et que Jérôme a invitée distraitement à changer de décor :

— Partez ! Aix est une petite ville, la carte du monde est vaste. Ailleurs, la vie vous attend.

— A mon âge ?

— Oui, à votre âge.

Le conseil a coûté 300 francs. Selon qu'il apaisera ou non, c'est cher ou bon marché.

Il ôte sa blouse, monte dans sa chambre. Muriel se maquille dans la salle de bains, nue sous un peignoir blanc, presque désirable.

— J'ai pris ma fin d'après-midi et je rentrerai tard.

— Marina ?

Nulle agressivité dans sa voix, juste de la lassitude.

— Non, pas Marina. Une bande de copains.

— Les petits messieurs du Lyon's ?

— Non plus. Ceux-là, je te les laisse.

— Qu'est-ce que tu veux que j'en fasse ?

Sourire triste, qui implore la complicité. Les messieurs du Lyon's, elle a couché avec. Il est vrai que Jérôme, avec la plupart des épouses... Tout cela est laid. Ils le savent. Ils voudraient s'en sortir. Est-ce qu'ils le peuvent ?

Jérôme entre dans la salle de bains, écarte le

peignoir, embrasse doucement Muriel sur l'épaule.

— Je vais retrouver des copains de la fac ; une bande à laquelle j'appartenais, qui s'était désagrégée. Le hasard nous a réunis.

— Le journaliste en fait partie ?

— Oui.

— C'est un brave type. Tu m'emmènes ?

— Non. Tu t'ennuierais. C'est une histoire d'hommes.

— La fameuse fraternité virile ?

— Pas précisément. Je...

Il hésite avant d'ajouter :

— Qu'est-ce que tu vas faire ?

— Rien, rassure-toi. Je vais t'attendre en lisant. Attendre, c'est une fatalité de la condition féminine, non ? Le machisme revient à la mode, et tu m'as si souvent reproché de suivre la mode.

Un peu de soleil dans le sourire qu'ils échangent.

— Jérôme, je peux te poser une question ?

— Pose.

— Une question conne : est-ce que par hasard, ou par pitié, tu m'aimes encore un peu ? Juste un peu. *Just a little bit...*

C'est la mode de semer le moindre propos d'une formule américaine, et Muriel s'y conforme. C'est la mode aussi, dans les couples de leur génération, de réchauffer les plats conjugaux — en sachant qu'il reste un dépôt d'amertume au fond de la casserole.

— Oui. Ça t'étonne ?

— Pas vraiment. Jérôme, on vieillira ensemble.

— C'est probable.

Il l'embrasse à nouveau, consulte sa montre, enfile un col roulé et une veste de tweed. Au bout de la rue du Quatre-Septembre, la Porsche du Dr Carcenac brûle le feu rouge. Petite insoumission aux normes établies. On prend ses symboles où on les trouve...

Au même moment, la vieille Citroën cabossée de François s'engage sur la bretelle d'accès à Aix-Ouest, traverse la banlieue nouvelle (réalisée par Cristofini), débouche sur le boulevard de ceinture. Impression qu'au terme d'un entracte gris, irréel en définitive, sa vie retrouve les bons rails.

Indifférent aux vêtements, désireux cependant d'égayer sa tenue pour célébrer le retour de Richard, il a fouillé dans son armoire, trouvé un chapeau épuisé — une manière de tyrolien, dont la plume fait défaut. Il l'a mis sur sa tête. Acte de dandysme inouï, qui a fait tiquer Marie-Claude en silence. Depuis ce match à Marseille, suivi le lendemain d'un autre débrayage (avec le même journaliste parisien ?), elle l'observe, le trouve à la fois plus docile et plus intouchable. Ce soir il va retrouver de « vieux amis ». Elle sait qu'il y aura Carcenac, c'est lui qui a téléphoné. Son esprit saturé de clichés naïfs envisage une bacchanale « bourgeoise », des bains au champagne, du caviar à la pelle, de l'ironie comme on en fait dans les « salons », un *remake* fin de siècle de la *dolce vita.* Si elle savait...

Gare d'Aix-en-Provence. Jérôme attend dans le hall ; Laura et David ne sont pas arrivés. François non plus. Le train est annoncé avec un retard de dix minutes. J'ai attendu vingt ans, j'attendrai dix minutes encore. François vient à sa rencontre. Il porte un drôle de chapeau.

— Quelle histoire ! Pierre t'a parlé de Richard ?

— Pas longtemps. J'ai juste compris qu'il arrivait de Polynésie, et voulait nous avoir autour de lui. Ils venaient d'appeler Laura.

— Pourvu qu'elle vienne. Elle a toujours été... imprévisible.

— C'est le moins qu'on puisse dire. Les voilà...

La R 5 bleu marine de Laura s'arrête devant la gare. Laura vêtue de vert : jean et pull en grosse laine. Sur son visage, le sourire de toujours ; dans son regard, une malice plus fraîche. David porte un blouson de cuir noir, une chemise ouverte. Sa coiffure ressemble à celle du premier Elvis. Jérôme l'a déjà observé : les jeunes gens se coiffent aujourd'hui comme les rockers de sa jeunesse. Il ironise :

— Tu aurais pu mettre une cravate pour accueillir ton père.

Moue de contrition :

— J'ai cherché ; je n'en ai pas. C'est la faute à ma mère...

L'omnibus entre en gare. On déconne pour dissimuler son émotion. On voit Pierre descendre. Très brève angoisse — brève et pénible. Est-ce que Richard, au dernier moment ? Il descend à son tour. La bande au complet, avec David en prime, leur enfant commun, ou presque. Surtout éviter l'écueil du mélo. On dit n'importe quoi. On admire le chapeau de François ; on trouve que Jérôme, sans costard ni cravate, manque de crédibilité. On trouve aussi que Richard est bien pâle, pour quelqu'un qui revient des îles.

Dans le hall, on simule une bagarre. Ces enfants déguisés en adultes sont pudiques jusqu'au ridicule. Alerté par un guichetier, le chef de gare se précipite, menace d'appeler la police, reconnaît le Dr Carcenac. Ce fonctionnaire, d'autorité en somme, nourrit l'ambition d'être admis au Lyon's — ou au Rotary, que préside cette année le beau-père de Jérôme. Autant dire qu'il se liquéfie en excuses.

Ils sortent en riant. Jérôme se tourne vers les autres :

— Vous voyez, ma crédibilité est intacte.

On conteste à Laura, Richard et David le droit de monter ensemble dans la R 5. Pierre est catégorique : trois bagnoles, deux par bagnoles. Sinon des clans risquent de se former. Jérôme approuve. Cependant, à titre exceptionnel, on autorise Laura à embarquer le père de son enfant. C'est plus moral. David monte avec Jérôme, son préféré (l'argent prêté), Pierre avec François...

La Porsche prend la tête du cortège, s'engage sur le cours du Roi-René, tourne à droite, longe le parc Jourdan jusqu'aux Fenouillères, revient vers le centre à hauteur de la route du Tholonet. Jérôme a prévu pour Richard le parcours de l'ancien combattant : place des Prêcheurs, place de l'Hôtel-de-Ville, rue Saporta, Saint-Sauveur — en gardant pour la fin la Rotonde et le cours Mirabeau. Il met *C'mon Everybody* dans le lecteur de cassettes, en disant à David : « Ça, c'est du vrai rock, pas comme vos conneries de pédés ! ». David se marre, la voix cassée de Cochran rebondit brutalement sur les murs roses.

Derrière eux, Pierre raconte à François les aventures de Richard. Comme il est déjà un peu ivre, les épisodes africains se compliquent de crocodiles, les pépites de la Sierra Leone ont la taille d'un pavé. François écoute en se disant qu'un tel destin mérite un roman à la Lawrence, et qu'à part lui aucun écrivain vivant n'a l'étoffe requise...

Laura et Richard se taisent. Richard regarde la ville glisser dans la nuit, avec la douceur d'une caresse. Ville longtemps haïe, qui lui inspire de la tendresse, presque de la compassion. Petite ville aimablement, délicatement latine. Petite ville française.

Par instants Laura tourne vers lui son beau visage ovale. Ce qu'elle éprouve, comment le décrire ? Quels mots pour peindre le triomphe — provisoire, mais qu'importe — d'une âme dilatée, fondue dans une attente quasiment immémoriale ? Triomphe et gratitude. Orgueil sémite. Il faut être juive, pense-t-elle, pour espérer si longtemps, à contre-courant d'une génération qui a brûlé ses cartouches affectives. Cet homme élu par hasard (elle aurait pu se donner à n'importe lequel des quatre), il n'aura jamais été trompé. Il le sait. Ce petit goy inconséquent, généreux et égoïste, courageux selon les critères masculins, si fragile selon les vrais, il fallait le consoler lorsqu'il revenait à Ravennes, car il se sentait coupable. Il repartait presque confiant, envoyait des mots d'amour et de l'argent. Parce que, avec l'argent, les hommes croient effacer des dettes imaginaires.

Richard a posé sa main sur la sienne, furtivement. Restera-t-il un jour, un mois, un an, un siècle ? Ça n'a pas beaucoup d'importance. Nous attendons depuis vingt siècles. Nous ? Je suis de souche autrichienne par mon père, ukrainienne par ma mère, française de cœur et de naissance. Sur mon arrière-pays, je ne sais pas grand-chose. Un vague regret des Habsbourg, inoculé par ma grand-mère ; un ancêtre fabuleux, célébré par mes oncles, qui chassait l'ours au couteau, sur les neiges de leur Russie perdue. Un peu la Bible évidemment — et Auschwitz où mon père est mort, l'année de ma naissance. J'ai pardonné Auschwitz. Sans le pardon, est-ce qu'on pourrait continuer à vivre ? Voilà ! Ma judaïté, comme dirait ma mère, c'est surtout cette disposition à écouter couler la durée, sans effort ni souffrance, convaincue qu'elle ressasse les minutes d'une éternité où déjà nous sommes. A ceci près, je suis une femme ordinaire, moins douée que d'autres pour la déprime, mère d'un garçon dont le père est souvent ailleurs... Orgueil et humilité fusionnent, dans un maelström de voluptés infiniment douces, tandis que la main de Richard, après une hésitation, vient s'échouer sur son épaule...

Jérôme s'est garé en face d'un bar, derrière la Rotonde. Un bar qui n'existait pas, ou que la bande ne fréquentait pas. Plus besoin de s'accrocher à des lieux, puisque les êtres ont répondu présent.

Apéros en cascade. Pastis pour tout le monde, Jérôme ayant renié son breuvage, comme Richard la veille. On lui en sait gré. Autour d'une bille de métal qui rebondit hystériquement sur les bumpers, la promiscuité circulaire favorise l'esprit de groupe. Richard gagne, comme d'habitude.

Ils boivent cinq tournées, chacun réglant la sienne, sauf Laura, car il s'agit d'un rite masculin. Elle rit, comme d'habitude. La dernière partie provoque un débat de morale appliquée. Richard en effet l'a emporté aux points, mais une partie gratuite a claqué sur le tableau de son fils. Est-ce que la grâce prime le mérite ? Sur ce canevas éculé, leur début d'ivresse tisse des arguments spécieux. François et Jérôme en tiennent pour le mérite, assez logiquement : ils sont diplômés jusqu'à la garde. Richard mobilise les ressources de sa mauvaise foi pour avaliser leur thèse, qui l'intitule vainqueur. Pierre, que l'idée de mérite indispose, bâtit pour l'occurrence une idéologie du don ; David renchérit, et pour cause. Consultée par les deux parties, Laura s'avoue incompétente. Il s'agit, n'est-ce pas, de rites masculins...

Sur la nationale 7, les trois voitures font la course ; après Lambesc elles dansent dans les virages. Afin d'éviter les clans (toujours cette obsession), Jérôme a proposé que les passagers changent de voiture. François le prend au piège : afin de mélanger les classes sociales, il prétend conduire la Porsche. Rires un peu jaunes, car la vanne est cruelle. Jérôme balance ses clefs à François en disant : « OK, je réintègre mes origines ! » Dès lors, tout est possible, et David, qui n'est pas titulaire du permis de conduire, prend le volant de la Citroën de François. Son père monte avec lui, Pierre avec François, Jérôme avec Laura. Le seuil des vitesses admises est violé, mais c'est l'heure tranquille où les flics boivent l'apéro. Dommage : sur cette monture de luxe, François se sent pousser des ailes, tel d'Artagnan au retour d'Angleterre, sur le pur-sang offert par Buckingham. Il lui plairait de lancer un défi aux motards, dans le genre du déjeuner à La Rochelle, sur ce bastion où sifflaient les balles huguenotes...

17

Dans la maison de Laura, citadelle isolée du monde extérieur, ils ont bu, chanté, déconné, écouté des disques... *Unchain My Heart... Bog Boss Man... There Goes My Heart again,* de Fats Domino. Ils se souviennent d'être allés l'écouter à Fréjus. François avait payé l'essence, Laura les billets, Richard le repas dans un restaurant à la mode. Par chance le chanteur y dînait aussi. Un Noir énorme, mafflu, jovial, portant des bagues sur chaque doigt, un costard crème, une chemise rose, une perle sur la cravate. Richard, qui ne doutait de rien, l'avait entrepris sur l'Amérique. Fats Domino leur avait fait servir à boire — par gentillesse, et parce que Laura, visiblement, lui plaisait...

Entre les plats, François invite Laura à danser le rock ; les autres tapent dans leurs mains. Les Beatles chantent *Yesterday.* C'est une mélodie lente, qui impose le rapprochement des corps. Seul Richard pourrait se le permettre. Par délicatesse, il s'en abstient. Merci Richard...

Ensemble ils reprennent le cours d'un destin fauché en herbe, pour des raisons accidentelles. Ensemble c'est facile d'imputer ses ratages à la connerie de la gentry aixoise, à la petitesse du milieu pédagogique, au faisandage des mœurs journalistiques, à l'incurie des « petits Blancs » qui souillent les contrées où Richard aurait voulu toucher le bout de lui-même. Ensemble ils auraient pu, ensemble ils auraient dû...

David veut les croire sur parole. Certes il apparaît que ces mousquetaires n'ont nargué que des gendarmeries rurales, dont l'adjudant roupillait aux côtés de son épouse. Les sbires du Grand Cardinal, eux, ne dormaient que d'un œil. En guise de bastides, la bande forçait des auberges dont les tenanciers ne portaient même pas plainte. Est-ce que les offenses graves se lavent seulement dans le pastis ? Le seul duel jamais provoqué par son père avait abouti au comptoir d'un troquet, et sa mère n'avait risqué dans les intrigues de campus ni le poison, comme Constance Bonacieux, ni l'exil comme la Chevreuse. Tout ça manquait un peu de sang versé, mais David ne s'en aperçoit pas, Richard est son père, il revient des îles, ses aventures cautionnent les récits dont on l'abreuve. Les parents de ses copains sont moins convaincants lorsqu'ils racontent leurs manifs de Mai 68...

Laura l'envoie chercher une caisse de champagne que Richard avait commandée, il y a au moins dix ans, comme s'il prévoyait la présente apothéose. A la santé des Conquérants ! L'enthousiasme touche les cimes. On arrête les rubriques du premier numéro de la revue. Parution au printemps prochain, le jour anniversaire de leur première soirée à Ravennes. C'est un symbole. Jérôme traitera de la chose politique — avec hauteur, il s'y engage. Pierre diagnostiquera le déclin de l'éthique sportive, François signalera l'impasse où se sont fourvoyées nos lettres, en son absence. Richard décrira un paradis — Bali — qui ressemble à l'enfer ; David, l'ambiance universitaire, un autre enfer. Laura tapera les papiers. C'est mon métier, dit-elle modestement. Pierre se chargera de l'impression, François de la diffusion, Richard de la gestion et Jérôme des finances. David distribuera la revue aux profs de fac, et tiendra un stand dans le hall de Sciences-po. S'il rencontre des difficultés, qu'il aille voir Mazergues, de leur part.

Il faudra se montrer percutants et novateurs, proposer une réforme intellectuelle et morale, comme Renan, mais articulée sur les principes féodaux et anarchiques. Ils se concilient très bien, le champagne favorisant la synthèse. On dénoncera sans pitié la décadence, la tyrannie des raseurs, l'impérialisme des cons, le totalitarisme des gens raisonnables. Pourquoi avoir peur des mots ? On trouvera une devise claironnante, qui associera l'amitié, la joie et la conquête. Plus tard on avancera les grandes lignes d'un programme. Plus tard... Tirage limité au début, mais des tas de gens se sentiront concernés, forcément. On augmentera en conséquence.

David voudrait qu'on s'en tienne au titre initial : *Les Conquérants.* En dépit du champagne, les autres ont conscience de ne pas l'avoir tout à fait mérité. « Pourquoi pas *Vingt Ans après* ? » clame Jérôme. C'est une référence ambiguë. Vingt ans après, d'Artagnan a retrouvé ses amis, mais la Fronde les a divisés, et la France n'a pas changé. Politiquement, ils ne sont pas fixés — mais enfin, s'il faut passer aux aveux, François et Jérôme votent à gauche, Pierre et Richard à droite, David écolo. Laura n'a jamais voté pour personne. Pourquoi pas *Laura* suggère François ? Si nous sommes ici et ensemble, c'est grâce à elle. Sans ce phare de jouvence, nous aurions fait naufrage, séparément, sur les récifs du quotidien, qu'on aperçoit toujours trop tard...

Minuit sonne au clocher. A l'initiative de Laura, ils vont marcher dans la nuit, sur un chemin qui louvoie entre deux oliveraies. Le silence les oppresse un peu. Laura et Richard sont enlacés ; les autres consomment leurs rêves en solitaires. Le vent s'est tu ; une demi-lune les nargue gentiment. Il faudrait pouvoir éterniser de tels instants. Mais comment ?

Avec le sérieux de son âge, David demande pourquoi la vieille Europe est tombée si bas. Drôle de question ! On cherche une réponse ; on ne la trouve pas. Le silence reprend ses droits.

Revenus devant la maison, ils improvisent une partie de foot, avec un ballon que David est allé chercher. C'est Pierre qui a lancé l'idée. Il fait équipe avec Richard, contre les trois autres. Laura est préposée à l'arbitrage. C'est un rôle qu'elle commence à connaître par cœur. Jamais Pierre ne s'est senti une telle aisance, balle au pied. Petit pont pour larguer David, feinte de passe, Jérôme dribblé, François balancé aux paquerettes d'un coup d'épaule. Raymond Kopa arme son tir, la France va marquer, le Parc des Princes s'embrase. La foule acclame son idole. La foule : Laura, dont le rire se perd dans les étoiles. Le ballon dévale la colline, François se relève en soufflant. Dans le village, des lampes s'allument, car les supporters adverses, c'est-à-dire François, Jérôme et David, vocifèrent furieusement.

— Taisez-vous, supplie Laura, quelqu'un va appeler les flics !

— On les prendra. A cinq, qu'est-ce qu'on risque ?

— Rien, admet-elle en souriant...

Ils rentrent en nage, et dégrisés. Richard débouche une autre bouteille. Richard endiablé, sur le visage duquel les dernières traces de fatigue ont disparu. On désire en connaître davantage sur son existence hors frontières. Est-ce qu'il est vraiment riche ? Pas vraiment ; un peu. Millionnaire en dollars ? Il n'en sait rien, c'est un copain qui gère son fric. Est-ce qu'il regrette ? Non, il ne regrette pas, encore qu'il lui soit arrivé de trouver le temps long. Les débuts étaient magnifiques — les abordages, en somme. Après... Il reprend son récit de la veille. Pierre s'y retrouve difficilement. Dans l'appartement de la rue de Brissac, il s'était agi d'une dérive à la Conrad, presque tragique, une succession de corps à corps épuisants. Les mêmes épisodes, racontés sur le mode badin, imposent le rapprochement avec les équipées à la Blondin. En somme, Richard a passé vingt ans à négocier du vent à des boucaniers d'opérette, tantôt dans des bouges où la bière est tiède, tantôt dans des bars climatisés. Ce qu'ils avaient appris du tiers monde dans les cours de Sciences-po ne tient pas la distance.

Richard a gardé l'Amérique pour la dernière bouteille. Basé en Polynésie, il y venait de plus en plus souvent, et s'y sentait chez lui. Surtout dans l'Arizona.

— C'est beau, l'Arizona ? Tu nous en parlais tout le temps.

— Parce que j'avais lu un livre génial sur la grande époque. J'ai retrouvé l'ambiance : le désert rouge, les montagnes, les patelins qui poussent dans le sable, les églises blanches, les trafiquants mexicains... Oui, là-bas il y a encore des choses à faire.

— Quoi, par exemple ?

— Des mines désaffectées sont à vendre, pour presque rien. Si l'or remonte, elles deviendront rentables.

— Tu déconnes !

— Pas du tout. On peut aussi irriguer et planter des trucs qui supportent le désert. Ou monter un restaurant français. Je connais un type à Phoenix qui a ramassé 2 millions de dollars en cinq ans. Un Corrézien...

— Si on y allait...

— On peut. A tout hasard, j'ai acheté un petit ranch près de la frontière, à quatre-vingts bornes de Tucson. C'est ma planque...

Tucson... Il en parlait avec une ferveur mystique, sans y être allé, sur la foi d'un livre. Depuis, il a parcouru le monde, et il vient d'en parler avec détachement, comme s'il s'agissait d'une banlieue interminable. Mais à Tucson, Arizona, on sent que son rêve ne s'est pas brisé le ailes. Pourquoi ? Il tâche d'expliquer, décrit ses balades solitaires, en voiture, sur la route de

Nogales, les villages abandonnés par les chercheurs, repris par le désert, ceux qui germent soudain, en bois, comme les anciens, ces gens venus d'ailleurs, nouveaux pionniers de l'éternelle conquête de l'Ouest. L'arrivée en avion sur Tucson, au crépuscule, la vallée desséchée où chaque jour des baraques gagnent sur le sable. La proximité du Mexique, qui favorise les commerces les plus insolites...

Tucson, Arizona... Comment leur faire comprendre ? Il faut s'y être tanné la peau au soleil. Ils comprennent en tout cas que l'Amérique de Richard — la leur — n'a rien à voir avec les mythologies d'intellos sur New York ou la Californie, chères à Muriel. Rien à voir avec la mode. Tucson, Arizona : deux mots qui sonnent juste, et incendient leur imagination...

Ils peuvent se séparer ; ils pourront, dès demain, regarder sans modestie la vie et ses acteurs fantoches. Ils savent désormais que le futur se conjugue au passé — et que des lendemains radieux chantent à Tucson, Arizona, sur des rythmes de *country music*, dans des saloons dont les habitués, selon Richard qui s'y est frotté, portent des colts à la ceinture. Par égard pour Laura, on le tient quitte de détails sur les bordels à Mexicaines. Les tarifs ont dû augmenter, et la conversion des francs en dollars les desservira, forcément. Il faudra faire fortune avant de songer à la rigolade.

Pour rendre la séparation moins dure, Richard renoue avec sa manie du serment. On jure — bras levés au-dessus de la table basse — de se retrouver chaque année, à date fixe et à Ravennes. On jure aussi de faire au moins un numéro de la revue. Il a fallu réveiller David, endormi en boule dans un jet qui survole le Colorado. Atterrissage à l'aéroport de Tucson dans vingt minutes. Température au sol : 35 degrés. L'acquisition d'un chapeau de cow-boy s'impose :

— Jure, petit mec !

— Qu'est-ce qu'il faut jurer ?

— Discute pas avec les hommes !

Il jure, on se lève, on se dit au revoir en affectant une gaieté que la nuit va dissoudre. Pierre reste coucher à Ravennes. Avec Laura et Richard, il accompagne les deux autres jusqu'aux voitures. David s'est rendormi dans son avion fantôme. Jérôme est pâle d'ivresse. Il veut crâner jusqu'au bout, imite un rocker, buste en avant, jambes écartées, poing crispé sur un micro imaginaire. *There Goes My Heart again.* En français : voilà mon cœur qui remet ça. Pauvre Jérôme, il est bien tard pour remettre ça ! Il renonce au dernier moment à poser à Laura une question idiote, qui aurait abîmé leur fête : « lequel des quatre ?... » Piqué sur sa tête ronde, au-dessus d'un visage qui disparaît derrière des lunettes, le chapeau de François donne le sentiment d'une mascarade pathétique.

Silence hostile. Fraîcheur de l'aube proche. Richard leur propose de dormir sur place. Laura approuve : ils ont tellement bu, elle craint un accident de voiture. Jérôme apparemment n'a plus grand-chose à perdre. Ils hésitent, pensent à leur épouse. Jérôme consulte à 9 heures, François enseigne à 8. A quoi bon ? Au revoir, aventurier fatigué ; reste chez toi, Laura l'a mérité. Ne quitte plus la France sans nous avertir. Au revoir, Laura, merci pour la bringue. Merci pour tout...

Les voitures descendent le chemin, disparaissent. Rideau sur la bande. Pourvu que Jérôme... On rentre dans la maison, on inhume les cadavres de bouteilles. Obsèques sans cérémonie. On fume la dernière cigarette, on éteint sans rien dire les dernières bougies de la fête. Laura se retire dans sa chambre, Richard la rejoint. Un chien aboie quelque part. Sur la colline en face, une lueur pâle annonce l'aube...

18

Valence... Lyon... Pierre remonte seul à Paris : Richard est resté auprès de Laura. Pour longtemps, pour toujours ? Dijon... La Roche... Le ciel se couvre. Il regarde machinalement des villages aux toits marron, repliés autour de leurs clochers, figés dans l'attente... Gare de Lyon, Sylvie sur le quai... Il pleut sur le boulevard Diderot, le ciel est gris, un brouillard enveloppe Paris, estompe les formes. Il fait froid...

Boulevard Bourdon... Rue de Brissac... Il fait chaud dans l'appartement. Sylvie attend le verdict, le cœur à peine serré. Depuis la gare, ils n'ont pas échangé une parole, ni un sourire. Ce qu'il a retrouvé à Aix-en-Provence (le courage d'un départ ?), il va falloir le payer. Par la force de l'habitude, elle endosse les torts. Si j'avais su mieux le comprendre... Pour la troisième fois de sa vie, un homme va la répudier. C'est qu'elle n'était pas bâtie pour les retenir. Dommage : pour celui-ci, elle aurait consenti les derniers sacrifices d'un « moi » qui n'a jamais rien souhaité d'autre. Dehors, la pluie s'acharne. Pierre colle son visage à la fenêtre, regarde le marronnier, se retourne :

— Sylvie, j'ai passé l'âge de camper dans le provisoire. On va se marier, et faire un enfant...

Dans les yeux embués de Sylvie, la surprise et la gratitude. Pierre poursuit en souriant :

— Pour le mariage, tu iras demain à la mairie du 4e. L'irrationnel féminin et l'irrationnel bureaucratique peuvent se comprendre. Pour l'enfant il faut faire vite, je suis presque vieux. Tu vas te déshabiller... Immédiatement... Non, pas devant moi, ce serait indécent. Seule, dans la chambre...

Elle quitte le salon. Il s'assoit, allume une cigarette, ouvre un livre au hasard, parmi les dizaines qu'il reçoit chaque semaine. Encore un écrivain — allemand celui-là — qui trouve le monde sans beauté, la vie sans saveur, le désir épuisé, les relations entre les êtres entachées de malentendus. Il le referme en haussant les épaules, entre dans la chambre. Sylvie est étendue, immobile. Son corps laiteux, sur le couvre-lit noir, compose un motif d'une gravité envoûtante. Elle regarde le plafond en arborant un sourire discret, qui ne s'adresse qu'à elle-même...

Les prénoms de l'enfant à venir s'imposent : Laura ou Richard, selon le sexe. Sylvie et Pierre achèveront leur vie ensemble. Tôt ou tard, Pierre envisagera de redescendre à Bordeaux. Les Français ne résistent jamais longtemps aux appels du terroir. Son père vient de mourir ; sa mère lui cède l'appartement du premier étage. Elle prémédite une carrière de grand-mère à plein temps. Au bout de six mois, Pierre regrettera la capitale, l'ambiance des maisons d'édition, la fièvre des salles de rédaction, les intellos dont la frivolité l'exaspère, mais sans lesquels il se sentira seul. Il ira voir les Girondins au Parc des sports, le CA béglais à Musard ; au moment des seizièmes il descendra dans les Landes. Il cessera d'écrire, continuera de rêver, à la Provence et aux Amériques. Tucson, Arizona... Incubé dans la moiteur provinciale, il se pourrait que ce rêve prenne les proportions d'une idée fixe. Si Richard se décidait à repartir, il serait très capable de faire sa valise, à condition que Laetitia et Véronique n'aient plus besoin de lui. Sylvie l'accompagnerait. Bordeaux ou Tucson, quelle différence ? Le seul terroir de cette orpheline, c'est l'endroit — à géographie variable — où Pierre prend ses rendez-vous avec le bonheur...

La flamme de l'arrivisme éteinte, Jérôme ne sait plus à quel hochet se vouer. Il néglige les mardis apéritifs du Lyon's, ainsi que les week-ends aux Arcs ou à Solenzara. Il continue de perdre du poids, assiste avec une curiosité lasse au processus de sa débâcle intime. Par l'effet d'un paradoxe, sa dépossession le rapproche de Muriel, qui a cessé de boire (ulcère), de coucher (dégoût) et de lire les auteurs prétendument maudits (ennui). Elle s'est inscrite à la chorale de Saint-Nicolas et à un cours de gymnastique suédoise. Car son corps, depuis peu, s'empâte aux endroits qu'il ne faudrait pas.

De temps en temps, Jérôme monte dîner à Ravennes ; il arrive que François se joigne à eux. Ces soirées de presque bonheur, il faut les payer au retour, et Muriel n'en a pas les moyens. Il se sent inutile et coupable, éprouve pour ses clients une pitié douteuse, ou bien de l'agressivité. En matière d'exorcisme, il a vendu la Porsche, acheté une voiture de Français moyen. C'est insuffisant pour exister. Certains soirs, la mélancolie pèse si lourd qu'il repense au suicide, comme à vingt ans, dans sa piaule des Fenouillères. On ne peut pas exclure qu'ayant évacué dans l'ironie ce qui reste d'espoir dans l'âme la plus enfumée, il ne rende ses clefs à l'existence.

Muriel n'ira pas aussi loin. Après la frénésie de gymnastique et de jus de carotte, on peut pronostiquer une crise mystique, ou l'oubli de soi dans quelque activité « associative », aux contours vaguement « culturels ». La ménopause la surprendra dans un club de poterie ou de bridge ; elle s'enorgueillira d'avoir vécu plus intensément que ces dames. Avec le recul, ses passades marseillaises accéderont à l'héroïsme aventurier, comme les soirées de la bande au stade vélodrome.

Un jour, Jérôme est retourné à Sainte-Hélène. Seul. Laura l'aurait accompagné s'il l'en avait priée. Avec lui, elle se montre maternelle, sachant qu'il est, en quelque sorte, le damné de la bande. Il n'a pas osé. L'auberge de ses parents a fermé, un lotissement enlaidit le bourg, à l'entrée, et le petit sentier où il allait planquer son narcissisme, derrière l'église, a été goudronné. Des bungalows de ciment y ont supplanté les noisetiers et les ronces de jadis. C'est triste. Personne ne l'a reconnu. Personne ne fleurit la tombe familiale. Le portrait en émail de sa sœur se fissure. Si elle avait vécu, est-ce qu'il aurait pu... Il est passé voir son père à Mende, lui a proposé de l'installer chez lui, à Aix, au rez-de-chaussée de l'hôtel. Le vieillard préfère mourir avec des gens de son âge...

François se documente sur la Guinée, en vue d'une saga dont Richard sera le héros. Est-ce qu'il l'écrira ? La vie continue de l'amuser, avec des hauts et des bas. Les hauts : Marion, qui s'est inscrite en histoire de l'art, comme Laura, et lui présente des copines majeures et vaccinées contre les excès rimbaldiens. Claire-Marie notamment, une blonde au regard fourbe, aux impudeurs calculées. Les soirées à Ravennes, assez fréquentes, le projet formé avec Richard de partir ensemble pour l'Arizona, pendant les prochaines vacances scolaires. Jérôme a donné son accord de principe ; Pierre tâchera de se libérer. Richard hébergera la bande dans son ranch. Les bas : Marie-Claude, sujette à la dépression. Jérôme lui a prescrit des euphorisants, sans cacher à François que ces maladies-là sont à peu près incurables. Ou alors il faudrait que Marie-Claude change de vie, comme disent les politiciens pour lesquels elle continue de militer. Il n'en a jamais été question.

Elle s'aigrira en vieillissant. François, qui n'est pas rancunier, la soignera si nécessaire. Il vient de solliciter un poste de chargé de cours à la faculté d'Aix ; le vieux Mazergues lui a promis son appui. Sans convoiter du tout une carrière universitaire, François a envie de côtoyer des étudiants. La parenthèse du lycée refermée, il va retrouver sans effort des êtres à son image : inachevés, joueurs, tergiversant devant les portes de l'avenir. Le sien ne lui tournera jamais le dos. Heureux les intoxiqués de l'illusion, dont les blessures se referment à mesure ! La liaison avec Sandra (guérie par Jérôme, fiancée depuis à un architecte) l'a averti du danger des amours lycéennes, sans lui ôter le goût des jeunes filles en fleurs.

François ne divorcera pas. S'il tombe amoureux d'une étudiante, ce qui est probable, il se mettra en demi-ménage avec elle, sans couper les ponts avec Marie-Claude. C'est une solution d'attente — et François, comme Laura, bivouaque dans l'attente. Il vieillira parmi ses fantasmes et ses livres, sans le savoir, convaincu de mûrir une œuvre de haute volée...

Laura Sternberg doutera longtemps que Richard se puisse sédentariser durablement. Sa vision de l'homme est sommaire : un nomade hanté par le vertige des lointains. Elle ignore que les nomades ne sont pas forcément polygames, que le tourisme a dévoyé le sens du voyage — et surtout, que Richard n'a plus rien à fuir. Si par mégarde il se retourne sur son passé, il voit une plaine désolée, sans aspérité aucune. Des nuages au parcours indécis obstruent l'avenir. Reste le présent, c'est-à-dire un fils dont il faut surveiller les études — et sa mère, seul repère stable d'une existence dont le chaos l'épuise.

Il a rapatrié quelques capitaux pour monter une galerie d'art à Nice, une autre à Genève. Il sait où se procurer la marchandise. Il est parti récemment aux États-Unis, pour « affaires ». Retour annoncé sous huitaine, mais Laura n'était pas obligée de le croire. Il est rentré dans les délais, après une halte à Paris, chez Pierre et son épouse, qui par certains côtés ressemble à Laura. L'émulation aidant, il a demandé Laura en mariage. Humblement, un soir où David était sorti, en ajoutant : « S'il n'est pas trop tard... » Demande acceptée : avec Laura, il n'est jamais trop tard. Il a aussitôt téléphoné aux trois amis, pour leur annoncer la nouvelle. Une demi-heure plus tard, Jérôme et François débarquaient avec des fleurs et du champagne.

David sera le témoin de sa mère ; on tirera au sort celui de Richard entre Jérôme, Pierre et François. Conformément aux usages, la noce aura lieu à Villefranche, où vit la mère de Laura. La question de la cérémonie religieuse s'avère délicate, Laura étant juive et Richard catholique. Le nouveau droit canon laisse ouverte la perspective d'un compromis, mais il faudra faire digérer à Mme veuve Sternberg la pilule de l'œcuménisme.

Ils garderont la maison de Ravennes, mais quitteront la France, dont la carrière historique, selon Richard, est en voie d'achèvement. C'était déjà l'opinion de son oncle Alfred. Il veut offrir à David un destin autre qu'hexagonal, dans un pays où les fonctionnaires sont moins nombreux, les individus moins aigres, les ambitions moins pénalisées, l'esprit de vieillesse moins privilégié. Amériques, Malaisie, Australie ? Ses projets sont vagues encore, et la Provence est douce à vivre.

Laura le suivra sans regret, où qu'il aille. Singapour ou Ravennes, quelle différence ? David est le plus impatient de partir. Il sera le premier à invoquer dans son exil la Provence perdue de son enfance, le village suspendu au-dessus des chênes verts, la ville rose assoupie, les retours en moto, la magie du cours Mirabeau...

Un jour ils iront à Tucson, Arizona. Ensemble, et pas pour faire du tourisme. Pour défricher des sols, arraisonner des chevaux fous et provoquer des Mexicains en duel. *Hombre !...* Ils iront à Tucson pour mériter l'admiration de David, la fidélité de Laura — et pour respecter un serment d'étudiants ivres. Ils iront pour montrer aux barbares yankees de quel bois un mousquetaire se chauffe, lorsque, vingt ans après, d'Artagnan récupère ses complices, et leur propose une affaire où il y a des coups à donner, des pistoles à ramasser, des Milady à châtier et de la gloire à conquérir...

Ils iront, la date est fixée, Richard s'occupe des

billets, François et David seront en vacances, Jérôme a pris un remplaçant, Pierre a décalé ses congés. On trouvera sur place les épées et les montures. Pour Marie-Claude, François a maquillé l'abordage en « mission universitaire » ; pour Muriel, Jérôme a invoqué la nécessité de se documenter sur la psychiatrie américaine, dont il se fout éperdument. D'ailleurs, les couples modernes voyagent séparément. Sylvie et Pierre n'étant pas modernes, les mensonges entre eux sont superflus. Pierre a présenté la prise de Tucson pour ce qu'elle est : l'aboutissement naturel d'un projet conçu à la fac. Sylvie a compris. Elle l'attendra. S'il reste, elle le rejoindra avec leur enfant...

... Ils sont partis de Roissy. Onze heures de vol sans escale jusqu'à Los Angeles. Deux heures d'attente là-bas, une dernière heure de vol et ils verront la vallée promise. Leur bonheur touche les bornes du soutenable. C'est la virée de la dernière chance, et ils ont en poche le billet de retour. Si Richard a menti, ou seulement exagéré... Peut-être aurait-il mieux valu qu'ils restent chez eux ! Pierre, peut-être, n'aurait pas dû accepter d'aller couvrir à Aix un fait divers sans intérêt ! Tandis qu'il se pose la question — avec quelle angoisse ! —, David aperçoit en bas des lumières minuscules, consulte sa montre et la carte du vol, rameute la bande devant un hublot. C'est Spokane, leur première vision de l'Amérique. Une grappe de lumières orange et vert, lointaines, émouvantes. Laura se rassoit en souriant, David se rendort, les mousquetaires vont boire pour se donner du cœur au ventre. A la quatrième tournée, le sac de Tucson est un fait accompli. Des insoumis, il est vrai, se sont repliés sur la frontière, avec des chevaux et des armes, à portée de fusil du ranch de Richard. Il va falloir organiser des tours de garde, et graisser des pattes douanières...

Tulle, mai 1984.

L'impression de ce livre
a été réalisée sur les presses
des Imprimeries Aubin
à Poitiers/Ligugé

pour les Éditions Robert Laffont

Achevé d'imprimer le 16 juillet 1984
Nº d'édition, K 940 — Nº d'impression, L 16888
Dépôt légal, août 1984

Imprimé en France